FÜR PAPA GIMY

EINFACH LECKER
LOW CARB UND KETO

Über dieses Buch

100 % Genuss – 0 % Verzicht

Viele Menschen glauben, dass gesunde Ernährung mit Verzicht einhergeht. Verzicht auf alles vermeintlich Ungesunde wie Pizza, Kekse oder Torte. Stattdessen gibt es Salat und damit verbunden Hunger und Frustration.

Ich sage: „So ein Quatsch!" und möchte mit diesem Mythos aufräumen. Eine gesunde Ernährungsweise kann langfristig möglich sein und auf Genuss beruhen – und das ist leichter, als du denkst.

Die ketogene Ernährungsweise ermöglicht es mir, mich genussvoll satt zu essen, ohne dabei zuzunehmen, oder in ein nachmittägliches „Fresskoma" zu fallen. Stattdessen versorge ich meinen Körper mit wichtigen Nährstoffen und ausreichend Energie, um gut durch den Tag und vor allem gut durchs Leben zu kommen.

Mit diesen positiven Erfahrungen bin ich nicht allein. Seit der Gründung von Simply Keto 2015 durfte ich unzählige Erfolgsgeschichten unserer Community miterleben. Die Liste reicht von langfristigen Gewichtsabnahmen – gerade bei Menschen, die aufgegeben und verzweifelt versucht hatten, ihr Wunschgewicht zu erreichen – bis zu Linderungen von Migräne, Akne oder Schuppenflechte.

Absolventen der Keto Challenge konnten bei Diabetes Typ II ihre Medikation einstellen und bei Typ I deutlich verringern.

Keto ist nicht neu, schon ca. 1920 wurde mit dieser Ernährungsform Epilepsie erfolgreich therapiert. Neue Studien zeigen, dass der ketogene Stoffwechsel, die sogenannte Ketose, den Krankheitsverlauf von Alzheimer verbessern kann. Auch in der Krebstherapie wird die ketogene Ernährung begleitend eingesetzt, denn sie kann die Nebenwirkungen der Chemotherapie verringern und hilft dabei, die Krebszellen auf natürliche Weise auszuhungern, da sich die meisten Krebszellen von Zucker ernähren.

Ich selbst konnte mich von meinen Allergien verabschieden, meine Verdauungsbeschwerden loswerden, mein Immunsystem stärken und eine fast unerschöpfliche Quelle an Energie anzapfen, körperlich wie auch mental.

Mit Simply Keto habe ich einen Weg gefunden, mein Wissen und die damit verbundenen positiven Effekte in die Welt zu tragen.

Mit diesem Kochbuch verfolge ich meine Mission, die ketogene Ernährung einfach und lecker zu gestalten, weiter und danke dir von Herzen, dass du den ersten Schritt gewagt hast und es mir ermöglichst zu zeigen, wie einfach die Kombination aus gesundem Lifestyle und Genuss sein kann.

Deine

INHALT

10   Meine Geschichte

WISSENSWERTES

22   Die ketogene Ernährung

24   Wie kommst du in Ketose?

26   Der Unterschied zwischen Low Carb und Keto

27   Der Simply-Keto-Weg

28   Ketogene Lebensmittel

30   Fette und Öle

34   Obst und Gemüse

36   Alternativen zu Zucker

38   Fleisch und Fisch

39   Alternativen zu Mehl

REZEPTE

FÜR DEN FRÜHSTÜCKSTISCH

46   Superfood-Brötchen

48   Chia-Pudding

50   Hauchdünne Crêpes

52   Selbstgemachtes Granola

54   Selleriepuffer

56   Karotten-Quark-Brot

58   Exotischer Obstsalat

60   Omelett-Muffins

62   Schnell gemachte Marmelade

66   Herzhafte Waffeln

68   Knackiges Körnerbrot

70   Süße Waffeln

72   Schokoaufstrich

74   Peanutbutter-Shake

76   Pink Latte und Chai Latte

78   Grüne Frühstücks-Bowl

80   Schokoladiger Shake und

80   Guten-Morgen-Shake

82   Fruchtiger Papaya-Shake

82   Exotischer Kokos-Shake

84   Saure Energiebällchen

86   Blaubeer-Muffins

88   Schokoladige Kaffeebällchen

HERZHAFTE GERICHTE

92   Frühlingshafter Spargelsalat

94   Shrimps im Cocktailglas

96   Deftiger Krautsalat

98   Besser als Bratkartoffeln

100   Frischer Gurkensalat

102   Bunter Salat

104   Falscher Bulgursalat

106   Brokkoli-Taboulé

108   Kartoffelbrei

110   Thunfischsalat

112   Falafelbällchen

114	Cremige Porreesuppe
116	Chili con Carne
118	Blumenkohlsuppe
120	Curry mit Hähnchen
122	Wildlachs à la Bordelaise
124	Quiche Lorraine
126	Pizza Margherita
128	Shakshuka
130	Gebratene Gnocchi
132	Lachs-Spinat-Auflauf
134	Aromatische Fetasoße
136	Herzhafte Tarte
138	Spaghetti Bolognese
140	Mediterraner Feta
142	Auberginen-Lasagne
144	Zwei-Zutaten-Wraps
146	Sauce Hollandaise
148	Taco-Bowl
152	Frittata mit Oliven
154	Hähnchen-Nuggets
156	Baba Ghanoush
158	Bunte Gemüsechips mit Guacamole
160	Hummus
162	Knusprige Käsecracker

GRILLEN

166	Hamburger Bowl
168	Bunte Grillspieße
170	Falscher Kartoffelsalat
172	Kräuterbutter
174	Tomatenketchup und BBQ-Soße
176	Portobello-Burger
178	Selbstgemachte Mayonnaise

SÜSSES

182	Erdbeerlimonade
182	Zitronenlimonade
184	Flinkes Erdbeereis
186	Mango-Joghurt-Eis
188	Klassisches Vanilleeis
190	Cremiges Mandeleis
192	Mousse au Chocolat
194	Schokotrüffel
196	Orientalischer Grießpudding
198	Panna Cotta
200	Sahnepudding
202	Tiramisu
204	Marmorierter Gugelhupf
206	Russischer Zupfkuchen
208	Cremiger Käsekuchen
210	Kleiner Schokokuchen
212	Leichte Zitronen-Tarte
216	Chocolate Chip Cookies
218	Klassische Nussecken
220	Gefüllte Mürbeteigkekse

FESTLICHES

224	Zarter Kräuterlachs
226	Eierlikör
228	Süße Osternester
230	Zimtige Karottentorte
232	Luftige Windbeutel
234	Erdbeerkuchen
238	Quarkbällchen
240	Schwarzwälder Kirschtorte
244	Wärmende Kürbissuppe
246	Vegetarischer Braten
248	Pumpkin Spice Latte
250	Gedeckter Apfelkuchen
252	Kürbistarte
256	Deftiger Krustenbraten
258	Schokoladige Salami
260	Würziger Mandelstollen
262	Marzipankartoffeln
264	Vanillekipferl
266	Crème Brûlée
268	Weiche Lebkuchen
270	Gebrannte Mandeln
272	Ausstechplätzchen
274	Zimtige Sterne
276	Saftige Kokosmakronen

ZUM SCHLUSS

280	Liebe und Dank der Autorinnen
285	Was wiegt wie viel?
286	Wir können auch online!
288	Impressum

Meine Geschichte

Mein Papa, ich und Simply Keto

Um dir meine und die Geschichte von Simply Keto zu erzählen, muss ich etwas zurückgehen – zurück in meine Kindheit.

In meiner Familie wurde immer schon gerne gegessen. Sowohl meine Mutter als auch mein Vater sind in sehr bescheidenen Verhältnissen in Rumänien aufgewachsen.

Lebensmittel waren besonders für meinen Vater ein extremer Luxus, den sich seine Familie nicht leisten konnte. Das Gefühl, satt zu sein, kannte er nicht.

Mit viel Ehrgeiz, Fleiß und Durchhaltevermögen konnten meine Eltern ein gutes Leben für uns drei in Deutschland aufbauen.

Mit dem Erreichen eines gewissen Wohlstandes füllte sich sozusagen auch der Kühlschrank. Essen war in Hülle und Fülle vorhanden und gegessen wurde, was geschmeckt hat, am besten viel davon.

Dieses Verhalten blieb nicht ohne Konsequenzen. Mein Vater litt an zahlreichen Krankheiten, nahm beständig zu und erlitt mit 65 Jahren einen Herzinfarkt, was mit einer Bypass-Operation endete.

Ich habe meine Eltern immer krank und übergewichtig empfunden.

Sie waren bei meiner Geburt bereits 40 bzw. 45 Jahre alt. Im Vergleich zu den Eltern meiner gleichaltrigen Freunde wirkten sie immer älter und sahen ungesünder aus.

Daher habe ich mir schon in meinen Teenagerjahren Sorgen um beide gemacht und empfand sie zugleich als extremes Negativbeispiel.

Ich selbst hatte mit 14 das ein oder andere Kilo zu viel auf den Hüften und hatte eine ziemlich niedrige körperliche Fitness. Ich fühlte mich nicht wohl in meinem Körper und hatte enorme Angst so zu werden wie meine Eltern.

Ich beschloss, meine Ernährung selbst in die Hand zu nehmen, und veranstaltete durch eigenes Kochen viel Chaos in der heimischen Küche – aber auch Chaos in meinem Essverhalten. Es wurde immer ungesünder und restriktiver. Und später entwickelte ich auch noch einen Sportwahn.

Es gab kaum einen Tag, an dem ich nicht mehrere Stunden Sport trieb. Ich aß zu wenig und kannte nur zwei Zustände: entweder war ich hungrig und zufrieden oder satt und hatte ein schlechtes Gewissen.

Satt und glücklich kannte ich vor Keto nicht.

Auch ich litt an den Folgen dieser ungesunden Lebensweise und hatte extreme Verdauungsbeschwerden, ein geschwächtes Immunsystem, meine Allergien verschlimmerten sich, ich hatte starke Menstruationsbeschwerden, Schlafstörungen, extreme Stimmungsschwankungen und war immer müde.

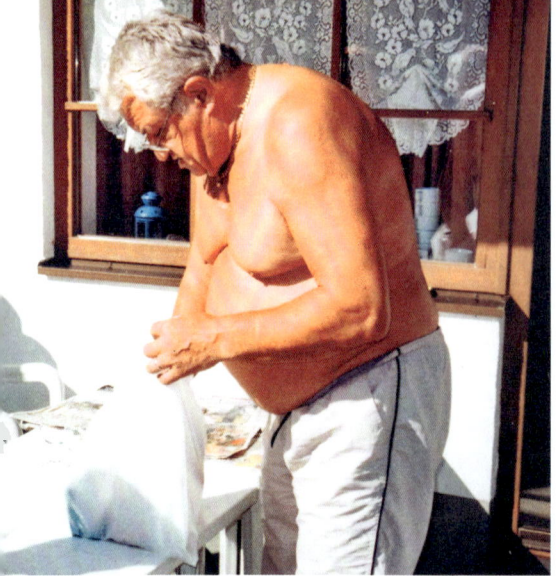

► VORIGE SEITE: **PAPA GIMY UND ICH AUF MEINER HOCHZEIT 2021**

► OBEN: **PAPA GIMY 2009**

► MITTE: **ICH ALS PUMMELFEE 2004**

► UNTEN: **DIE LIEBE ZU ROSEN IST GEBLIEBEN**

Obwohl ich mir die meisten Lebensmittel verbot, versuchte ich dennoch Genuss zu finden und verbrachte viel Zeit in der Küche, um möglichst kalorienarme Rezepte zu entwickeln, die schmecken.

Über 10 Jahre lang war Fett meine größte Angst und ich dachte nicht nur, dass Fett grundsätzlich ungesund sei und man sich um jeden Preis davon fernhalten sollte, sondern auch, dass jeder der Butter isst mit seinem Leben abgeschlossen hat.

Und dann hat Robert, mein jetzigen Ehe- und Geschäftsmann, mein Leben komplett auf den Kopf gestellt. Eines Tages kam er nach Hause und verkündete: **„Ich esse ab jetzt keine Kohlenhydrate mehr, ich ernähre mich jetzt ketogen."**

Bis dato hatte ich noch nie von Keto gehört, aber was ich sah fand ich zunächst wirklich beängstigend. Er aß plötzlich, zumindest in meinen Augen, immense Mengen an Fett, etwas, dass ich als pures Gift angesehen hatte.

Seine Motivation hinter dieser neuen Ernährungsweise war ein langes gesundes Leben, in Verbindung mit einem hohen Energielevel. Für mich klang das allerdings total wahnsinnig und unsinnig.

Um Robert von den negativen Konsequenzen einer fettreichen und zugleich kohlenhydratarmen Ernährung zu überzeugen, recherchierte ich intensiv zur ketogenen Ernährung und fand zu meiner Überraschung viel Positives, was eher wie die Lösung all meiner gesundheitlichen Probleme klang.

Eher widerwillig und skeptisch beschloss ich, dieser Ernährungsform eine Chance zu geben. Die Umstellung und die Anfangszeit waren im doppelten Sinne kein Zuckerschlecken.

Ich trat gerade in der Anfangszeit in jedes Fettnäpfchen und machte alle Fehler, die man als Anfänger so machen kann. Schon nach kurzer Zeit verbesserte sich jedoch meine Verdauung und mein Schlaf und ich spürte eine Steigerung meiner körperlichen und mentalen Leistung. Ein weiterer wichtiger Schritt zu einem gesunden Essverhalten bestand darin, dass ich die Anzahl an Kalorien auf ein gesundes Maß erhöhen konnte, ohne dabei zuzunehmen.

Nach acht Monaten war ich komplett allergiefrei und überzeugt von der ketogenen Ernährung und stand nun wieder stundenlang in der Küche, diesmal um kohlenhydratarme Leckerbissen zuzubereiten und Rezepte zu entwickeln.

Anfang 2015 waren Robert und ich mit meinen Eltern zum Essen verabredet – dieses Essen war die **Geburtsstunde von Simply Keto** und all meine beruflichen Entscheidungen fanden ihren Ursprung in diesem Abendessen.

Mein Vater hatte zu dem Zeitpunkt gesundheitlich stark abgebaut. Er wirkte sehr unkonzentriert, erschöpft und hatte Schwierigkeiten den Gesprächen bei Tisch zu folgen. Ich wusste, dass er nicht gesund war, ihn aber in diesem schlechten Zustand zu sehen, ging mir sehr nah.

Meine Motivation

Noch an diesem Abend überzeugte ich ihn, den Einstieg in die ketogene Welt zu wagen und es 30 Tage lang zu testen. Ich war fest überzeugt, dass er nach dieser Zeit nicht in seine alten Gewohnheiten zurückkehren wollte. Somit war mein Vater der erste Teilnehmer der Simply-Keto-Challenge.

Ich verlängerte meinen Besuch bei ihnen in Bayern und erstellte detaillierte Listen mit erlaubten und zu meidenden Lebensmitteln, mistete den gesamten Lebensmittelvorrat meiner Eltern aus, inklusive eines hochemotionalen Familiendramas und verschenkte kistenweise Lebensmittel.

Es war so, als würde ich einem Junkie seine Suchtmittel wegnehmen. Ich ging jedes Lebensmittel mit ihm durch, ließ ihn raten, wie viel Zucker in den verschiedenen Produkten enthalten sei, klärte ihn auf und trank morgens einen Bulletproof Coffee mit ihm.

▶ LINKS: **ROBERT UND ICH IM CAFÉ 2018**

▶ UNTEN: **SCHOKO-KIRSCH-CUPCAKE KETO-STYLE**

Zurück in Berlin schickte ich meinem Vater Rezepte, die ich entwickelt hatte und die speziell auf ihn zugeschnitten waren. Außerdem leistete ich täglich Telefon-Support.

Die ersten Telefonate waren eine ziemliche Tortur für meine Nerven. Meinem Vater ging es zu Beginn der Umstellung ziemlich schlecht und ihm wurde von allen Seiten gesagt, was er mache, sei sehr ungesund und schädlich. Das ist ziemlich paradox, wenn man bedenkt, dass seine bisherige Ernährungsweise ihn erst in diese Situation gebracht hat, was jedoch nicht thematisiert wurde.

Zum Glück stellten sich auch bei ihm zeitnah positive Veränderungen ein. Zum ersten Mal ging sein Gewicht nach unten, statt kontinuierlich weiter nach oben. Auch schlief er deutlich besser. Es kam, wie ich es prophezeit hatte, und mein Vater wollte nach 30 Tagen Keto nicht wieder zurück in seine alten Muster.

Auf ärztlichen Rat hin wurden seine Blutwerte monatlich kontrolliert und neben den gefühlten Veränderungen meines Vaters wurden auch signifikante Verbesserungen seiner Blutwerte festgestellt.

Nun einige Jahre später, ist mein Vater mit weit über 70 Jahren fitter, als er es mit 65 war. Er isst immer noch sehr gerne, schadet sich jedoch nicht mehr damit, denn er verzichtet in 99 Prozent der Fälle auf Zucker und Getreide.

Während es für ihn früher ein extremer Kraftakt gewesen ist, in den Keller zu gehen, ist jetzt eines seiner liebsten Hobbys das Radfahren.
Mit über 30 Kilogramm weniger fühlt er sich viel energetischer, sodass meine Eltern wieder regelmäßig reisen.

Um mir und meinem Vater **trotz zucker- und getreidefreier Ernährung den Genuss von Brot, Kuchen und Co. zu ermöglichen**, experimentierte ich immer weiter mit ketogenen Zutaten und entwickelte Rezepte.

DAS SIMPLY-KETO-CAFÉ IN BERLIN-MITTE 2018

► KETOGENE SCHOKOTORTE IM SIMPLY-KETO-CAFÉ 2018

Zu diesem Zeitpunkt war die **ketogene Ernährung meine einzige Obsession** – mein Modestudium rückte immer weiter in den Hintergrund und der Gedanke, mich unternehmerisch mit Keto zu beschäftigen, nahm Form an.

Die dazu gewonnene Lebenszeit und -qualität, die meine Eltern allein mit ihrer Ernährungsumstellung erhalten haben, war der ausschlaggebende Grund für mich gewesen, Simply Keto zu gründen. Ich brach mein Studium ab. Ich wollte schon als kleines Mädchen Unternehmerin werden und das ich später einmal damit Menschen helfen würde, hätte mich damals schon gefreut.

Mein Vater finanzierte mir mit seinem mühsam erspartem Geld meine Vision eines eigenen Keto-Unternehmens.

Uns beiden war klar, das diese Ernährungsweise unter die Leute gebracht werden muss.

Ich entschloss mich, ein Café zu eröffnen. Ein Café in dem ich Leute beraten und ihnen zeitgleich zeigen konnte, dass man sich nicht zwischen Genuss und einer gesunden Ernährung entscheiden muss.

So öffnete das Simply Keto, als erste Keto-Location weltweit seine Türen im Oktober 2015. Gerade einmal neun Monate, nachdem mein Vater eingewilligt hatte, der ketogenen Ernährung eine Chance zu geben.

Seitdem ist viel passiert. Anfang 2016 stieg Robert mit ein, wofür ich sehr dankbar bin, denn ohne ihn hätte ich es nicht geschafft. Er half nicht nur unermüdlich mit, sondern war auch mein Fels in der Brandung, gerade in harten Zeiten. Herausforderungen gab es in den ersten drei Jahren sehr viele. Aber wie sagt man so schön, geteiltes Leid ist halbes Leid.

Meinem Vater geht es immer noch prächtig, und aus dem kleinen Café ist nun ein mittelständisches Unternehmen geworden.

Unsere Mission, die ketogene Ernährung so einfach und lecker wie möglich zu gestalten und so vielen Menschen, wie möglich dieses Wissen an die Hand zu geben, motiviert uns nach all den Jahren immer noch sehr.

Wir konnten ein 30-tägiges Keto-Ernährungsprogramm entwickeln, dass wir seit 2017 zehntausenden Menschen umsonst zur Verfügung gestellt haben. Unsere 30-Tage-Keto-Challenge, an der mein Papa Anfang 2015 der erste Teilnehmer gewesen ist, hat so vielen Menschen einen Einstieg in ein besseres Leben ermöglicht.

Simply Keto heute

Mittlerweile unterstützt uns bei dieser Mission ein tolles Team. Ohne dieses Team wäre eine eigene Lebensmittelproduktion und Versandlogistik nicht möglich – dafür bin ich unheimlich dankbar.

Alles, was wir machen, wäre ohne unser Team nicht möglich.

Genau wie dieses Kochbuch.

Die ketogene Ernährung

Ziel der ketogene Ernährung ist die Ketose. Ein natürlicher Stoffwechsel, mit dem Babys geboren werden. Unser menschlicher Körper kann auf zwei verschiedene Stoffwechsel zurückgreifen. Zum einen ist da der Glukosestoffwechsel, in dem Zucker und Kohlenhydrate als Energieträger genutzt werden.

Zum anderen gibt es die Ketose, der Stoffwechsel, in dem Fett als Energiequelle genutzt wird. Der Körper kann zur Energiegewinnung sowohl sein eigenes Körperfett verbrennen als auch zugeführtes.

Der Fettverbrennungsstoffwechsel, die Ketose, hat viele Vorteile gegenüber dem Glukosestoffwechsel.

Einer der Vorteile, über den sich die meisten Leute, mich eingeschlossen, freuen, ist der **Rückgang des Hungergefühls** sowie der **Heißhungerattacken**.

Da kein Zucker konsumiert wird, bleibt auch der Blutzuckerspiegel stabil niedrig und Heißhungerattacken, ausgelöst durch schnelle An- und Abstiege des Insulinspiegels bleiben aus.

Ein geringe Konzentration des Hormons Insulin im Blut **begünstigt die Gewichtsabnahme** bzw. das Halten des Normalgewichts.

All das trägt dazu bei, dass die ketogene Diät eine sehr erfolgsversprechende Möglichkeit ist, sein Gewicht langfristig und gesund zu reduzieren und zu halten.

Ein weiterer Vorteil von Keto ist die **entzündungshemmende Wirkung** auf den Körper.

Wie bereits in „Meine Geschichte" ab Seite 10 erwähnt, konnte ich somit alle meine Allergien bekämpfen.
Viele unserer Kunden berichten des Weiteren von einer Linderung bis hin zum kompletten Ausbleiben von chronischen Schmerzen, Neurodermitis, Akne und anderen auf Entzündungen basierenden Erkrankungen.

Ein weiterer Vorteil des konstanten Blutzuckerspiegels ist das Wegfallen des typischen Nachmittagstiefs. Wer kennt es nicht: die Pizza oder Pasta am Mittag und das anschließende Energietief? Durch den fehlenden Anstieg des Blutzuckerspiegels bleibt auch der plötzliche Abfall danach aus.

Generell verspüren sehr viele Menschen in Ketose ein deutlich **erhöhtes Energielevel**, sowohl physisch als auch mental.

Und das sind nur einige wenige Vorteile der ketogenen Ernährung.

Wie kommst du in Ketose?

In Ketose befindet man sich, wenn sich im Körper eine bestimmte Anzahl an Ketonen nachweisen lassen. Dies kann über die Ernährung geschehen, indem man Kohlenhydrate, also Zucker und stärkehaltige Lebensmittel weglässt.

Das heiß kein Brot, keine Kartoffeln, keinen Reis und keine Süßigkeiten – zumindest nicht die konventionellen Varianten.

Aber keine Sorge, wir haben für alles Aufgezählte eine kohlenhydratarme Alternative für dich in diesem Buch!

Die Verringerung der Kohlenhydrate ist nötig, damit der Insulinspiegel niedrig ist und die Leber vermehrt Ketone bilden kann. Da Ketone hauptsächlich aus Fett gebildet werden, ist eine **ketogene Ernährung immer fettreich**.

Das ist genauso einfach, wie es auch schwer ist.

Im Grunde muss man fast komplett auf Kohlenhydrate verzichten, stattdessen auf Proteine und vor allem gesunde Fette setzen.

Als Richtwert sollten ca. 75 Prozent der täglichen Kalorienaufnahme aus hochwertigen und gesunden Fetten, wie Kokosöl, Avocado oder Weidebutter stammen, 20 Prozent aus Proteinen und nur fünf Prozent aus Kohlenhydraten.

Das bedeutet für die meisten Menschen **nicht mehr als 20 – 40 g Kohlenhydrate pro Tag.**

Zu Beginn kann das extrem eintönig oder sogar unmöglich wirken, aber es ist nur in der Umstellung etwas schwierig.

Schon nach kurzer Zeit wirst du nicht mehr sehen, auf was du alles verzichten musst, sondern wovon du nun viel mehr und ohne schlechtes Gewissen zu dir nehmen kannst.

Um dir diesen Weg zu erleichtern, haben wir dieses Kochbuch entwickelt, sowie hunderte leckere Rezepte und passende Low-Carb- und Keto-taugliche Produkte auf unserer Webseite www.simplyketo.de.

20 % Protein

5 %
Kohlen-
hydrate

75 % Fett

Der Unterschied zwischen Low Carb und Keto

Die ketogene Ernährung ist eine striktere Variante der Low-Carb-Ernährung. Bei einer Low-Carb-Ernährung lässt man zwar auch Kohlenhydrate weg, aber das Ziel ist nicht die Ketose.

Das heißt, man verzichtet zwar auf kohlenhydratreiche Lebensmittel wie Brot, Kartoffeln, Reis und Zucker, aber hat bei den Kohlenhydraten generell etwas mehr Spielraum.

Bei der ketogenen Ernährung sollte man nicht mehr als 20 – 40 g Kohlenhydrate am Tag zu sich nehmen, sodass Obst nur in kleinen Mengen und auch nur bestimmte Sorten in den Speiseplan passen.

Da man bei einer Low-Carb-Ernährung kaum in Ketose ist, ist Fett nicht die Hauptenergiequelle.

Kurz gesagt: **Die ketogene Ernährung ist fettreicher und noch kohlenhydratärmer als eine Low-Carb-Ernährung.**

Eine Reduzierung der Kohlenhydrate bringt bereits viele gesundheitlichen Vorteile mit sich. Der Blutzuckerspiegel im Vergleich zu einer regulären westlichen Ernährung bleibt sehr niedrig und bringt somit auch viele Vorteile der ketogenen Ernährung mit sich, jedoch nicht alle.

Für Alle, die nur etwas Körpergewicht verlieren möchten ist Low Carb ausreichend – für diejenigen, die gesundheitliche Baustellen in ihrem Körper beseitigen und von mehr Energie profitieren wollen, empfehlen wir, Keto eine Chance zu geben und sich selbst zu überzeugen.

Der Simply-Keto-Weg

Für viele Menschen bedeutet die Low-Carb- und ketogene Ernährung einfach das Weglassen von Kohlenhydraten.

Für Simply Keto bedeutet Low Carb und Keto aber noch viel mehr.

Wir lieben die ketogene Ernährung wegen all ihrer gesundheitlichen Vorteile, die unter anderem darauf basieren, dass der ketogene Lifestyle extrem entzündungshemmend auf den Körper wirkt.

Um die Vorteile voll auszuschöpfen, verzichten wir nicht nur auf kohlen-hydratreiche Lebensmittel, sondern zusätzlich auf Soja, Getreide und Gluten in jeglicher Form.

Auch von Zucker, Maltit und unnatür-lichen Süßungsmitteln wie Aspartam lassen wir die Finger.

Stattdessen setzen wir auf eine vitaminreiche Ernährung, die auf natürlichen, wenig verarbeiteten Lebensmitteln basiert.

Wir räumen mit dem Vorurteil auf, dass Keto nur aus in Bacon gewickeltem Essen mit einem großen Schuss Sahne besteht.

Wir setzen auf viel kohlenhydrat- und stärkearmes Gemüse, moderat viel Protein und hochwertige gesunde Fette.

Für uns ist das Motto „Du bist, was du isst" weit mehr als nur ein Sprichwort.

Wir sind keine Freunde von Verzicht, sondern setzen auf Qualität und gesundes Essen.

Ketogene Lebensmittel

Gerade zum Einstieg in die ketogene Welt kann die Auswahl geeigneter Lebensmittel unübersichtlich oder überfordernd sein.
Daher sind in der Tabelle auf der gegenüberliegenden Seite ketogene Lebensmittel aufgeführt, die man bedenkenlos essen kann.

Zudem finden sich auf den nächsten Seiten Informationen, Verzehrempfehlungen und Erklärungen zu den Lebensmittelgruppen

▶ Fette und Öle

▶ Obst und Gemüse

▶ Alternativen zu Zucker

▶ Fleisch und Fisch

▶ Alternativen zu Mehl

Gerade für Zucker und Mehl gibt es zahlreiche kohlenhydratarme Alternativen, die sich im Geschmack, aber auch durch ihr Quell- und Bindevermögen beim Backen unterscheiden.

Bei verpackten Produkten lohnt sich ein Blick auf die Nährwertangaben. Dort werden Kohlenhydrate und Zucker unterschieden, bei der ketogenen Ernährung ist der Gesamtgehalt an Kohlenhydraten relevant.

Als Merkhilfe und Richtwert:
Der Gehalt an Kohlenhydraten pro 100 g sollte nicht höher als 10 g sein.

Auch das Verhältnis zwischen Fetten, Proteinen und Kohlenhydraten ist bei der Auswahl wichtig.

75 Prozent der täglichen Energiemenge sollte aus Fetten stammen, 20 Prozent aus Proteinen und nur ein kleiner Anteil von 5 Prozent aus Kohlenhydraten.

Icon-Erklärung

Alle Rezepte in diesem Buch sind 100 Prozent glutenfrei, sojafrei und ohne Zuckerzusatz. Um dir ein wenig bei der Unterscheidung zu helfen, haben wir uns zusätzlich folgende Icons überlegt:

KETO
unter 10 g Kohlenhydrate pro 100 g

LOW CARB
über 10 g Kohlenhydrate pro 100 g und/oder fettärmer

VEGETARISCH
ohne Fleisch und Fisch, aber mit Milchprodukten

VEGAN
komplett ohne tierische Lebensmittel

PALEO
ohne Milchprodukte (außer Butter), mit tierischen Produkten wie Ei und Fleisch

GEMÜSE

Artischocke
Aubergine
Avocado
Grüner Blattsalat
Blumenkohl
Brokkoli
Chili
Chinakohl
Frühlingszwiebel
Gurke
Kohlrabi
Oliven
Pak Choi
grüne Paprika
Petersilienwurzel
Pilze
Porree
Radieschen
Rosenkohl
Sauerkraut
Weißer und grüner Spargel
Spinat
Tomate
Weißkohl
Zucchini

OBST

Brombeere
Erdbeere
Heidelbeere
Himbeere
Johannisbeere
Limette
Papaya
Rhabarber
Zitrone

FETTE & ÖLE

Avocadoöl
Butter aus Weidehaltung
Ghee
Kakaobutter
natives Kokosöl
Macadamiaöl
MCT-Öl
Natives Olivenöl

MILCH, JOGHURT & KÄSE

Crème fraîche
Frischkäse
Griechischer Joghurt
Hartkäse (Parmesan)
Körniger Frischkäse
Mascarpone
Quark (40 % Fett)
Schlagsahne
Saure Sahne
Schmand
Weichkäse

NÜSSE & SAATEN

Chiasamen
Hanfsamen
Haselnüsse
Kürbiskerne
Leinsamen
Sonnenblumenkerne
Macadamianüsse
Mandeln
Sesam
Walnüsse

FLEISCH & FISCH

Eier
Fisch
Fleisch
Gelatine
Innereien
Knochenbrühe
Kollagen
Meeresfrüchte
Whey (Molkenprotein)

ZUCKERALTERNATIVEN

Erythrit
Stevia
Xylit (geringe Mengen)

MEHLALTERNATIVEN & BINDEMITTEL

Gemahlene Mandeln
Kokosmehl
Leinsamenmehl
Mandelmehl
Sesammehl
Gem. Flohsamenschalen
Guarkernmehl
Johannisbrotkernmehl

Fette und Öle

Fett ist die Energiequelle Nummer eins bei der ketogenen Ernährung. 75 Prozent der täglichen Energiezufuhr sollten aus Fetten und Ölen stammen.

Doch Fett ist nicht gleich Fett!
Manche Fette sind besser als andere und sollten daher häufiger konsumiert werden. Einige sollten der Gesundheit zuliebe dagegen komplett gemieden werden.

Tierische Fette sind idealerweise aus Weide- oder Freilandhaltung. Pflanzliche Öle sollten kaltgepresst, sprich nativ sein.

Wichtig ist darüber hinaus das Verhältnis der **Omega-6-Fettsäuren** zu **Omega-3-Fettsäuren** in den Fetten und Ölen.

Die Bezeichnung Omega (Ω) in Verbindung mit einer Zahl gibt den Ort der ungesättigten Verbindung innerhalb der Fettsäure an. Sowohl Ω-3-Fettsäuren als auch Ω-6-Fettsäuren sind ungesättigt, jedoch haben sie unterschiedliche Auswirkungen auf die menschliche Gesundheit.

Die Aufnahme von zu viel Ω-6-Fettsäuren wird mit Zivilisationskrankheiten wie Diabetes, Übergewicht und Herzkreislauferkrankungen in Verbindung gebracht.

Idealerweise sollte das **Verhältnis** bei **maximal 5 : 1** liegen. In unserer modernen Ernährungsweise liegt das Verhältnis aber durchschnittlich bei 16 : 1.

Daher sollten Fette und Öle, die reich an Ω-3-Fettsäuren sind, bevorzugt verwendet werden.

Geeignete Fette und Öle:

► Olivenöl

► Butter

► Ghee oder Butterschmalz

► Kokosöl

► MCT-Öl

Kaltgepresstes **Olivenöl** ist ein totaler Allrounder und eignet sich sowohl für Salatdressings, als auch zum Kochen und Braten, denn es hat einen relativ hohen Rauchpunkt von etwa 180 °C. Hochwertiges Olivenöl schmeckt fruchtig, etwas bitter und scharf und hinterlässt ein leichtes Kratzen im Hals.

Butter ist aus einer Keto-Küche kaum wegzudenken und das zurecht, da sie eine Vielzahl positiver Eigenschaften mitbringt. Sie ist reich an Vitaminen, Mineralien, Antioxidantien und gesunden Fetten. Wichtig hierfür ist die Herkunft aus Weidehaltung, da die Nährstoffdichte nachweislich deutlich höher ist.

Werden aus Butter das vorhandene Wasser und die Laktose entfernt, entsteht geklärte Butter auch **Ghee** oder **Butterschmalz** genannt. Die bereits genannten positiven Eigenschaften von Butter werden dabei erhalten und um weitere ergänzt. So kann Butterschmalz hoch erhitzt und auch bei einer Laktoseintoleranz konsumiert werden.

Fette der Kokosnuss

Kokosnussöl wird aus dem Fruchtfleisch der Koksnuss gewonnen und ist bei Raumtemperatur fest. Die korrekte Bezeichung lautet Kokosfett.
Es wird jedoch bei Hitzezufuhr schnell flüssig, besitzt einen hohen Rauchpunkt und kann daher wunderbar sowohl zum Braten, also auch zum Frittieren verwendet werden.

Fette bestehen hauptsächlich aus Fettsäuren. Im Fall von Kokosöl sind diese größtenteils gesättigt. Gesättigte Fettsäuren reagieren nur langsam mit Sauerstoff und sind daher stabil, was zu einer langen Haltbarkeit auch bei Raumtemperatur führt.

Fettsäuren werden nicht nur durch ihre Sättigung – Doppelbindungen zwischen den C-Atomen – beschrieben, sondern auch durch die Länge der Fettsäuren.

Man kann hier zwischen kurzkettigen, mittelkettigen und langkettigen Fettsäuren unterscheiden.

Das Extrakt aus Kokosnussöl mit Triglyceriden, die mittelkettige Fettsäuren enthalten, englisch „Medium Chain Triglycerides" ist unter dem Namen **MCT-Öl** bekannt.
Bei der Herstellung von hochwertigem MCT-Öl werden nur C8- und C10-Fettsäuren extrahiert, da diese besonders schnell vom menschlichen Körper zersetzt, verdaut und zur Energiegewinnung verwendet werden können.

MCT-Öl ist daher ein wahrer Booster für die Ketose, da es direkt über die Leber in sogenannte Ketonkörper umgewandelt wird. Diese sind eine ideale Energiequelle und regen den Energiestoffwechsel an.

Obst und Gemüse

Gemüse hat im Vergleich zu Fleisch, Fisch oder Fett verhältnismäßig viele Kohlenhydrate, jedoch ist es nicht ratsam, bei Gemüse zu sparen.

Gemüse ist ein wichtiger Lieferant für Vitamine, Mineral- und Ballaststoffe. Außerdem ist es wichtig für das Sättigungsgefühl.

Die ersten Sättigungsimpulse beim Essen gehen vom Magen aus, wenn durch die aufgenommene Nahrung die Magenwand gedehnt wird.

Die Magenfüllung allein löst jedoch kein Sättigungsgefühl aus. Chemorezeptoren registrieren, ob genügend Nährstoffe durch die Nahrung aufgenommen werden und melden dies an das Gehirn.

Wenn du beispielsweise deinen Magen mit kalorienarmer Flüssigkeit füllst, wirst du kein Sättigungsgefühl erfahren.

Wenn du eine hochkalorische Mahlzeit zu dir nimmst, die aber vom Volumen her sehr klein ist, wie zum Beispiel bei Käse, wird das Sättigungsgefühl auch auf sich warten lassen.

Wichtig ist also die Kombination aus Nährstoffen und ausreichendem Volumen.

Gemüse hat bei einer niedrigen Kalorienmenge ein hohes Volumen und ist daher ein wunderbarer Magenfüller.

Etwa die Hälfte deines Tellers sollte mit Gemüse bedeckt sein.

Wenn du dich ketogen oder Low Carb ernährst, achte darauf dass du kohlenhydratarmes Gemüse isst.

Es gibt Gemüsesorten, die man bei einer ketogenen Ernährung auf jeden Fall meiden sollte. Dazu gehören Kartoffeln, einige Kürbissorten, Bohnen, Linsen, Mais, Erbsen und Kichererbsen.

Uneingeschränkt zugreifen kann man dagegen bei kohlenhydratarmen Gemüse, wie Brokkoli, Blumenkohl, Salat, Pilzen oder Zucchini.

Anders sieht es bei Obst aus.
Die meisten Früchte sind reich an Kohlenhydraten in Form von Fruchtzucker. Zucker ist leider
Zucker, egal ob aus frischem Obst oder aus dem Vorratsglas.

Die einzigen Obstsorten, die regelmäßig Platz in der ketogenen Ernährung finden sind Beeren, Zitronen, Limetten, Papaya und Avocados – Letztere zählen zu den Früchten.

Im Zweifel ist es immer ratsam, die Nährwerte zu überprüfen. Diese können über eine schnelle Suche im Internet gefunden werden. Als ungefährer Richtwert sollte man 10 g Kohlenhydrate pro 100 g nicht überschreiten.

Alternativen zu Zucker

Wenn man mit einer ketogenen oder Low-Carb-Ernährung anfängt, lernt man schnell, dass Zucker ein absolutes No-Go ist und komplett vermieden werden muss.

Stattdessen gibt es ein riesiges Angebot an alternativen Süßungsmitteln, von denen viele versprechen, kohlenhydratarm zu sein, dieses Versprechen bei genauerem Hinsehen jedoch nicht einhalten können.

Damit du auf der sicheren Seite bist, verraten wir dir unsere liebsten Zuckeralternativen und wie nennen Süßungsmittel, von welchen du auf jeden Fall die Finger lassen solltest.

Erythrit ist unser absolutes Lieblingssüßungsmittel. Es ist eine **natürliche Zuckeralternative**, die **kalorienfrei** ist, **keine verwertbaren Kohlenhydrate** und **keinerlei Auswirkung auf den Blutzucker** hat.

Erythrit kann vom menschlichen Körper nicht verstoffwechselt werden und ist ideal für eine ketogene oder Low-Carb-Ernährung. Es hat einen glykämischen Index von null und ist auch bei einer Fruktoseintoleranz und für Diabetiker geeignet.

Erythrit wird durch Fermentation von Traubenzucker gewonnen und kommt in geringen Mengen auch natürlich in vielen Lebensmitteln, wie etwa Obst, Gemüse, Wein und Käse vor.

Erythrit zählt zu den Zuckeralkoholen, auch Polyole und mehrwertige Alkohole genannt, und muss in den Nährwerten laut Gesetzgeber als Kohlenhydrat angegeben werden.

Da es aber nicht verwertet werden kann, können die Kohlenhydrate aus den Zuckeralkoholen von den gesamten Kohlenhydraten abgezogen werden.

Steht in den Nährwertangaben zum Beispiel: 35 g Kohlenhydrate, davon 5 g Zucker und davon 25 g mehrwertige Alkohole, dann bleiben 10 g verwertbare Kohlenhydrate und davon 5 g Zucker übrig.

Erythrit sieht aus wie Zucker und kann auch so verwendet werden. Es ist etwas weniger süß als Zucker. In Zahlen ausgedrückt entspricht es etwa 70 Prozent der Süßkraft von Zucker. Die Süße von etwa 140 g Erythrit kommt der von 100 g Zucker gleich.

Erythrit ist nicht der einzige Zuckeralkohol zum Süßen. Auch Xylit, Maltit und Sorbit fallen in diese Kategorie, jedoch sind sie für eine Low-Carb- und Keto-Ernährung nicht geeignet.

Diese drei Süßungsmittel haben einen Kaloriengehalt von bis zu 240 pro 100 g und sind für eine ketogene Ernährung nur bedingt bis gar nicht geeignet.

Die Auswirkung auf den Blutzucker ist bei Maltit und Sorbit sehr nahe an dem von Zucker und daher sollten beide bei einer Low-Carb- oder Keto-Ernährung gemieden werden.

Bei Xylit sieht es ein wenig anders aus, hier ist die Auswirkung auf den Blutzucker in der Regel geringer als bei Maltit und Sorbit, aber deutlich höher als bei Erythrit.

Wie hoch der Gehalt an Kohlenhydraten aus diesen Süßungsmitteln ist, der vom menschlichen Körper verwertet werden kann, variiert von Mensch zu Mensch. Abhängig ist dies von unserer Darmflora und diese ist individuell verschieden.

Verwende ausschließlich Erythrit, wenn du auf der sicheren Seite sein möchtest.

Ein weiteres **natürliches Süßungsmittel,** auf das wir setzen, ist **Stevia**.

Stevia wird auch Süßkraut, Süßblatt oder Honigkraut genannt. Es wird aus den Blättern der südamerikanischen Pflanze *Stevia rebaudiana*, die zur Familie der Sonnenblumen gehört, gewonnen.

Obwohl Stevia in seiner Heimat bereits seit Jahrhunderten konsumiert wird und als Süße seit Generationen auch in asiatischen Ländern statt Zucker verwendet wird, ist es als Süßstoff erst seit 2011 in der Europäischen Union zugelassen.

Stevia ist also ein natürlicher Süßstoff, dessen Süßkraft bis zu 300-mal höher ist als die von Haushaltszucker. Man sollte es also nur in sehr geringen Mengen dosieren.

Genau wie Erythrit ist Stevia kalorienfrei, hat einen glykämischen Index von null, besitzt keine verwertbaren Kohlenhydrate und ist blutzuckerneutral.

Daher ist Stevia auch für Diabetiker ein guter Zuckerersatz.

Von der Verwendung künstlicher Süßungsmittel wie Aspartam oder Acesulfam K raten wir grundsätzlich ab.

Stevia

Fleisch und Fisch

Fleisch, Eier, Fisch und Meeresfrüchte sind wichtige Proteinquellen und enthalten außerdem fast keine Kohlenhydrate. Sie sind daher ein wichtiger Bestandteil der ketogenen Ernährung.

Wie auch bei Fetten und Ölen ist es ratsam, eine möglichst hohe Qualität zu wählen.

Ein gesundes Tier, dass in einer artgerechten Umgebung aufgewachsen ist, liefert mehr Nährstoffe und weniger Giftstoffe.

Gerade bei fettigem Fleisch oder Fisch ist das noch wichtiger, da Giftstoffe im Fett eingelagert werden.

Solltest du nicht immer auf Fleisch aus Freiland- oder Weidehaltung zurückgreifen können, empfehlen wir dir, dich lieber an mageres Fleisch zu halten und dein Essen mit hochwertigen Fetten aufzufetten.

Mehlalternativen und Bindemittel

Alternativen zu herkömmlichem Weizenmehl gibt es reichlich. Gerade bei der Herstellung von Ölen aus Saaten oder Nüssen bleibt entöltes Mehl übrig und wird im Handel als Mehlalternative angeboten.

Damit du dir nicht erst einen Vorratsschrank voller unterschiedlicher Zutaten zulegen musst, haben wir einige wenige, aber sehr essenzielle Mehlalternativen ausgewählt.

▶ Gemahlene Mandeln

▶ Mandelmehl

▶ Goldleinmehl

▶ Flohsamenschalen

▶ Johannisbrotkernmehl

▶ Chiasamen

Mandelmehl ist nicht zu verwechseln mit gemahlenen Mandeln.

Mandelmehl ist entölt und entsteht bei der Herstellung von Mandelöl. Es wird sehr fein gemahlen und ist herkömmlichem Mehl sehr viel ähnlicher als gemahlene Mandeln.

Es gibt zwei verschiedene Arten von Mandelmehl: weißes und braunes.

Braunes Mandelmehl ist günstiger, aber auch weniger hochwertig. Es wird aus ganzen Mandeln mit Schale gewonnen, weißes Mandelmehl wird aus Mandeln ohne Schale gewonnen und schmeckt

sehr viel neutraler und weniger nach Marzipan. Daher eignet es sich auch hervorragend für die herzhafte Küche.

Mandelmehl ist unser absoluter Favorit unter den Nussmehlen, denn es ist unglaublich vielfältig einsetzbar. Besonders gut eignet es sich für Mürbeteig.

Goldleinmehl ist eine Mehlalternative, gleichzeitig aber auch ein Bindemittel.

Es eignet sich sogar als Ei-Ersatz für vegane Backwaren. Ein Esslöffel Goldleinmehl mit einem Esslöffel Wasser vermischt ersetzt ein Ei.

Goldleinmehl hat einen milden, leicht nussigen Geschmack und eignet sich daher sowohl für süße als auch herzhafte Backwaren.

Da Goldleinmehl stark quillt und viel Wasser bindet, sollte man es niemals allein als Mehlalternative nutzen, sondern immer mit Mandelmehl oder anderen nicht gelierenden Nussmehlen verwenden.

Flohsamen kennst du wahrscheinlich aus der Drogerie oder der Apotheke, da es wegen seiner quellenden Eigenschaft häufig als Nahrungsergänzungsmittel genutzt wird.

Flohsamenschalen haben viele nützliche Eigenschaften, sind sehr kohlenhydratarm und ballaststoffreich. Neben den gesundheitlichen Aspekten ist für uns Low Carber vor allem eine

Sache wichtig: Flohsamenschalen zu feinem Pulver gemahlen sind ein super Bindemittel und Glutenersatz.

Glutenfreien und kohlenhydratarmen Backwaren fehlt oft die richtige Bindung bzw. Konsistenz. Hier kommt das fein gemahlene Flohsamenschalenpulver ins Spiel. Es ist nahezu komplett geschmacksneutral und man benötigt nicht mehr als 1 – 2 TL pro Rezept.

Es quillt und geliert sehr stark, weshalb es den Teig sehr gut zusammenhält, ohne dabei hart zu werden.

Es eignet sich für Süßspeisen wie z. B. Pfannkuchen, aber auch für Herzhaftes, wie Wraps oder Brötchen.

Zum Backen ist es sehr wichtig, dass es sich um ganz fein gemahlene Flohsamenschalen handelt. Wenn sie nicht fein gemahlen sind, wirken sie etwas sandig im Teig.

Johannisbrotkernmehl ist ein Verdickungsmittel, das sich besonders für Suppen und Soßen eignet. Aber Vorsicht; schon eine kleine Menge reicht völlig aus. Wenn man zu viel dazu gibt, wird es eher schleimig als cremig.

Chiasamen sind die exotischen, gehypten Superfood-Schwestern der heimischen Leinsaat. Beide haben vieles miteinander gemein.

Vor allem das höchste pflanzliche Ω-3-Fettsäure-Vorkommen überhaupt überzeugt in der gesunden Keto-Küche.

Chiasamen quellen und gelieren sehr stark, wenn man genügend Flüssigkeit hinzugibt. Daher eignen sie sich wunderbar für Desserts wie Chia-Pudding, aber auch zum Backen.

Man kann mit 1 EL Chiasamen und 3 EL Wasser sogar ein Ei ersetzen.

Darüber hinaus sind sie vor allem gesund. Sie haben eine hohen Gehalt an Mineralien, Vitaminen und Spurenelementen.

Johannisbrot-
kernmehl

Leinsamen-
mehl

Flohsamenschalen

Mandelmehl

Chiasamen

Gemahlene
Mandeln

Superfood-Brötchen

mit Chiasamen und Walnüssen

30 Min. + 45 Min. Backzeit

FÜR 5 STÜCK

4	Eier
½ TL	Salz
45 g	gemahlene Mandeln
45 g	geschrotete Leinsamen
45 g	Flohsamenschalen
20 g	Sonnenblumen-kerne
20 g	Walnüsse
45 g	Chiasamen
8 g	Backpulver
20 g	Apfelessig
100 g	Wasser

1 Eier mit Salz in einer Rührschüssel schaumig schlagen.

2 In einer zweiten Schüssel die restlichen trockenen Zutaten vermengen und kurz unter die Eiermasse geben.

3 Zum Schluss Apfelessig und Wasser unterrühren und den Teig gut durchkneten.

4 Den Teig für 10 – 15 Minuten abgedeckt ruhen lassen.

TIPP

Die Quellzeit ist wichtig, sonst klebt der Teig zu stark an den Händen.

5 Aus dem Teig fünf runde Brötchen formen und diese auf ein mit Backpapier ausgelegtes Backblech verteilen.

6 Die Oberseite der Brötchen mit einem Messer einschneiden und die Brötchen bei 175 °C Umluft für 45 Minuten im Backofen backen.

7 Die Superfood-Brötchen vor dem Genießen vollständig auskühlen lassen.

NÄHRWERTE pro Stück

262	kcal
20 g	Fett
4 g	Kohlenhydrate,
4 g	davon verwertbare Kohlenhydrate
13 g	Protein

Chia-Pudding

mit Erdnüssen und Edelbitter-Schokolade

10 Min. + 10 Min. Ruhezeit

FÜR 2 PORTIONEN

400 g	ungesüßte Mandelmilch
75 g	Erythrit
50 g	Erdnussbutter
60 g	Chiasamen
25 g	zuckerfreie Edelbitter-Schokolade

AUSSERDEM

20 g	geröstete Erdnüsse

1 Mandelmilch mit Erythrit und Erdnussbutter in einen kleinen Topf geben und unter Rühren erwärmen, bis sich das Mus komplett aufgelöst hat.

2 Topf vom Herd nehmen, Chiasamen zugeben und für 10 Minuten quellen lassen.

3 Edelbitter-Schokolade grob hacken. Die Hälfte des Chia-Puddings abnehmen und die gehackte Schokolade unterrühren, bis sie komplett geschmolzen ist.

4 Schokoladigen Chia-Pudding in Gläser füllen und den restlichen Pudding darüber verteilen.

5 Den Chia-Pudding mit geschmolzener Schokolade und gehackten Erdnüssen dekorieren.

 NOCH EIN PALEO-TIPP

Für Paleo-Fans: Zu diesem schokoladigen Chia-Pudding schmecken auch Haselnuss- oder Mandelmus statt Erdnussbutter.

NÄHRWERTE pro Portion

362	kcal
29 g	Fett
44 g	Kohlenhydrate,
3 g	davon verwertbare Kohlenhydrate
16 g	Protein

Hauchdünne Crêpes

Französische Pfannkuchen

15 Min. + 5 Min. Ruhezeit

FÜR 4 STÜCK

3	Eier
50 g	Frischkäse
20 g	Mandelmehl
15 g	Erythrit
1 Prise	Salz

AUSSERDEM

30 g	Butter zum Anbraten

TOPPINGS

Zuckerfreie Schokolade

Schlagsahne

Frische Beeren

1 Eier in einer Rührschüssel schaumig schlagen.

2 Frischkäse, Mandelmehl, Erythrit und Salz dazugeben und alles gründlich miteinander vermischen.

3 Den Crêpeteig für 5 Minuten ruhen lassen.

4 Etwas Butter in einer großen Pfanne erhitzen und pro Crêpe 3 – 4 Esslöffel des Teigs hineingeben.

5 Die Pfanne schwenken oder den Teig mit einem Esslöffel gleichmäßig in der Pfanne verteilen.

6 Den Crêpe auf einer Seite solange anbraten, bis die Ränder leicht gebräunt sind und sich vorsichtig ablösen lassen.

7 Den Crêpe wenden und fertig ausbacken.

8 Alle Crêpes nacheinander ausbacken und nach Belieben mit geschlagener Sahne und Beeren toppen.

 NOCH EIN KETO TIPP

Die Crêpes lassen sich mit einer guten Portion geschlagener Sahne noch fettreicher gestalten.

NÄHRWERTE pro Stück

185	kcal
16 g	Fett
8 g	Kohlenhydrate,
3 g	davon verwertbare Kohlenhydrate
7 g	Protein

Selbstgemachtes Granola

mit Erythrit gesüßt

15 Min. + 30 Min. Ruhezeit

FÜR EIN GLAS (250 G)

60 g	Nüsse und Saaten (z. B. Kürbiskerne, Haselnüsse, Mandeln, Sonnenblumenkerne)
30 g	Leinsamen
30 g	Kokosrapsel
50 g	gemahlene Mandeln
70 g	Erythrit
10 g	Kokosöl
½ TL	Zimt
1 Prise	Salz

1 Nüsse wie Haselnüsse oder Mandeln grob hacken.

2 Gehackte Nüsse und Saaten mit den restlichen Zutaten in eine große Pfanne geben und unter Rühren auf großer Stufe ca. 5 Minuten erhitzen, bis das Kokosöl geschmolzen ist und Nüsse anfangen zu bräunen.

TIPP

Wenn die Pfanne sehr heiß ist, kann das Granola schnell dunkel werden, daher die Pfanne beaufsichtigen und stetig rühren.

3 Herd ausschalten und Granola unter gelegentlichem Rühren abkühlen lassen. In der heißen Pfanne bräunt es noch weiter.

4 Das abgekühlte Granola in ein verschließbares Glas geben.

  TIPPS FÜR KETO UND LOW CARB

Zum Granola passen sowohl pflanzliche Milchalternativen wie ungesüßte Mandelmilch, aber auch fettigere Varianten wie griechsicher Joghurt und Mascarpone, diesen mit Schlagsahne schön cremig verrühren.

NÄHRWERTE pro 100 g

440	kcal
40 g	Fett
33 g	Kohlenhydrate,
5 g	davon verwertbare Kohlenhydrate
13 g	Protein

Selleriepuffer
mit einem Klecks Schmand

30 Minuten

FÜR 2 PORTIONEN

300 g	Knollensellerie
½	rote Zwiebel
50 g	Parmesan
3	Eier
½ TL	Flohsamenschalen
	Salz und Pfeffer

ZUM ANBRATEN

1 EL	Kokosöl zum Anbraten

AUSSERDEM

je 1	Stängel Petersilie und Basilikum
2	Rollen Schnittlauch
50 g	Schmand

NÄHRWERTE pro Portion

404	kcal
30 g	Fett
8 g	Kohlenhydrate,
7,5 g	davon verwertbare Kohlenhydrate
23 g	Protein

FÜR DIE PUFFER

1 Knollensellerie und rote Zwiebel schälen und mit einer Reibe grob raspeln.

2 Sellerie- und Zwiebelraspel in eine große Schüssel geben, mit ½ TL Salz vermischen und 10 Minuten ziehen lassen.

3 In der Zwischenzeit Parmesan fein reiben. Anschließend Selleriemasse kräftig ausdrücken – mit den Händen oder in einem Geschirrhandtuch – und wieder in die Schüssel geben.

4 Die Selleriemasse mit Eiern, Flohsamenschalen und geriebenem Parmesan vermengen und mit Pfeffer würzen.

5 In einer großen Pfanne Kokosöl erhitzen , Selleriemasse portionsweise mithilfe eines Esslöffels hineingeben und platt drücken.

6 Selleriepuffer von jeder Seite ca. 3 Minuten goldbraun braten.

FÜR DEN SCHMAND

1 Petersilien- und Basilikumblätter abzupfen und fein schneiden. Schnittlauch in feine Röllchen schneiden.

2 Geschnittene Kräuter und Schmand in einer Schüssel miteinander verrühren und mit Salz und Pfeffer abschmecken.

Karotten-Quark-Brot

mit einer saftigen Krume

25 Min. + 100 Min. Backzeit

FÜR EINEN BROTLAIB

2	Eier
½ TL	Salz
100 g	Karotten
400 g	Magerquark
150 g	Mandelmehl
150 g	gemahlene Mandeln
25 g	Flohsamenschalen
25 g	geschrotete Leinsamen
16 g	Backpulver
20 g	Apfelessig

1 Eier mit Salz in einer Rührschüssel schaumig schlagen.

2 Karotten fein reiben, zusammen mit dem Quark zu den schaumigen Eiern geben und alles miteinander verrühren.

3 In einer zweiten Schüssel die restlichen trockenen Zutaten vermengen und unter die Quarkmasse geben.

4 Zum Schluss Apfelessig unterrühren und den Teig gut durchkneten.

5 Den Teig für 10 – 15 Minuten abgedeckt ruhen lassen.

TIPP

Die Quellzeit ist wichtig, sonst klebt der Teig zu stark an den Händen.

6 Mit angefeuchteten Händen aus dem Teig einen Brotlaib formen und in eine eckige, mit Backpapier ausgelegte Backform geben.

7 Den Brotlaib mit etwas Mandelmehl bestreuen und längs einschneiden.

8 Das Quarkbrot bei 150 °C Umluft für ca. 100 Minuten backen, bis die Kruste schön braun ist.

9 Das Brot vor dem Anschneiden vollständig auskühlen lassen.

NÄHRWERTE pro 100 g

203	kcal
12 g	Fett
5 g	Kohlenhydrate,
5 g	davon verwertbare Kohlenhydrate
16 g	Protein

Exotischer Obstsalat

mit Papaya und Avocado

10 Minuten

FÜR 2 PORTIONEN

SALAT

1	Avocado
100 g	Papaya

DRESSING

	Saft von ½ Zitrone
25 g	Kokosöl
15 g	Puder-Erythrit
1 Prise	gemahlene Vanille

AUSSERDEM

1	Stängel Minze
1 TL	Mandeln

1 Avocado halbieren, Kern entfernen, Fruchtfleisch mit einem Messer im Abstand von etwa 1 cm längs und quer so einschneiden, dass Würfel entstehen. Avocadowürfel mithilfe eines Esslöffels herauslösen und in eine große Schüssel geben.

2 Papaya halbieren, Kerne entfernen und das Fruchtfleisch von der Schale schneiden. Papayafruchtfleisch ebenfalls in etwa 1 cm große Würfel schneiden und zur Avocado geben.

3 Für das Dressing Zitrone halbieren und entsaften. Kokosöl schmelzen und mit Zitronensaft, Puder-Erythrit und gemahlener Vanille glatt rühren.

4 Avocado-Papaya-Salat mit Zitronendressing marinieren.

5 Blätter der Minze abzupfen und in feine Streifen schneiden.

6 Mandeln grob hacken und zusammen mit den Minzstreifen über den Salat streuen.

 LET´S GO KETO

Um voller Energie und konzentriert in den Tag zu starten, kann ein Schuss MCT-Öl im Salatdressing hilfreich sein.

NÄHRWERTE pro Portion

232	kcal
22 g	Fett
15 g	Kohlenhydrate,
7 g	davon verwertbare Kohlenhydrate
2 g	Protein

Omelett-Muffins
mit Feta und Babyspinat

20 Min. + 20 Min. Backzeit

FÜR 6 STÜCK

100 g	Babyspinat
15 g	Butter
4	Eier
½ TL	gemahlene edelsüße Paprika
	Salz und Pfeffer
80 g	Feta

1 Babyspinatblätter von den Stielen befreien.

2 In einem großen Topf Butter erhitzen und die Spinatblätter darin bei mittlerer Hitze etwa 5 Minuten erhitzen, bis sie zusammengefallen sind.

3 In der Zwischenzeit Eier aufschlagen und in eine Rührschüssel geben. Mit Paprika, Salz und Pfeffer würzen und verquirlen.

4 Gegarten Spinat in 6 Muffinförmchen verteilen und verquirlte Eier darüber gießen.

5 Feta mit den Händen zerbröseln und über die Eimasse geben.

6 Omlett-Muffins bei 175 °C Umluft für 20 Minuten backen, bis das Ei komplett gestockt ist.

 STEINZEIT-TAUGLICH

Wenn man den Feta weglässt, eignen sich diese köstlichen Omlett-Muffins auch für alle Paleo-Anhänger.

NÄHRWERTE pro Stück

110	kcal
8 g	Fett
1 g	Kohlenhydrate,
1 g	davon verwertbare Kohlenhydrate
7 g	Protein

Schnell gemachte Marmelade

mit Chiasamen, Flohsamen oder Agar-Agar

15 Min. + 30 Min. Ruhezeit

**FÜR JEWEILS
EIN GLAS (250 ML)**

ERDBEERE

200 g   Erdbeeren

50 g   Erythrit

1 TL   Flohsamenschalen

PFIRSICH-MANGO

100 g   Pfirsich

100 g   Mango

50 g   Erythrit

½ TL   Agar-Agar

FÜR DIE ERDBEERMARMELADE

1 Erdbeeren vom Stiel befreien und in kleine Stücke schneiden.

2 Erdbeerstücke mit Erythrit in einen kleinen Topf geben und für 5 Minuten bei mittlerer Hitze weich garen.

3 Die weichen Erdbeerstückchen nach Belieben fein pürieren, Flohsamenschalen hineinstreuen und gründlich miteinander verrühren.

4 Heiße Erdbeermarmelde in ein Glas abfüllen und abkühlen lassen.

NÄHRWERTE pro Teelöffel (20 g)

5 kcal – 0 g Fett – 5 g Kohlenhydrate,

davon 1 g verwertbare Kohlenhydrate – 0 g Protein

FÜR DIE PFIRSICH-MANGO-MARMELADE

1 Pfirsich vom Kern befreien und in Stücke schneiden. Mango ebenfalls vom Kern und der Schale befreien und klein schneiden.

2 Fruchtstücke mit Eyhthrit in einen kleinen Topf geben und für 5 Minuten bei mittlerer Hitze weich garen.

3 Agar-Agar in 1 EL Wasser auflösen, zugeben und 1 Minute mitköcheln.

4 Heiße Pfirsich-Mango-Marmelde in ein Glas abüllen und abkühlen lassen.

NÄHRWERTE pro Teelöffel (20 g)

9 kcal – 0 g Fett – 6 g Kohlenhydrate,

davon 2 g verwertbare Kohlenhydrate – 0 g Protein

BLAUBEER-APFEL

100 g	Blaubeeren
100 g	Apfel
50 g	Erythrit
½ TL	Agar-Agar

HIMBEERE

100 g	Himbeeren
25 g	Erythrit
15 g	Chiasamen

FÜR DIE BLAUBEER-APFEL-MARMELADE

1 Früchte nach Bedarf von Schalen und Kern befreien und in kleine Stücke schneiden.

2 Fruchtstücke mit Erythrit in einen kleinen Topf geben und weich garen.

3 Agar-Agar in 1 EL Wasser auflösen, zugeben und 1 Minute mitköcheln lassen.

NÄHRWERTE pro Teelöffel (20 g)
8 kcal – 0 g Fett – 6 g Kohlenhydrate,
davon 2 g verwertbare Kohlenhydrate – 0 g Protein

FÜR DIE HIMBEERMARMELADE

1 Himbeeren mit Erythrit in einem hohen Gefäß pürieren.

2 Chiasamen zugeben und 15 Minuten quellen lassen.

NÄHRWERTE pro Teelöffel (20 g)
8 kcal – 0 g Fett – 2 g Kohlenhydrate,
davon 0,4 g verwertbare Kohlenhydrate – 0 g Protein

TIPP

Die Geliermittel haben unterschiedliche Eigenschaften, eignen sich aber für jegliche Früchte. Hierbei nur den Kohlenhydratgehalt beachten.

Mit Chiasamen müssen die Früchte nicht erhitzt werden. Agar-Agar weist eine typische gelartige Konsistenz auf und Flohsamenschalen sind sehr ballaststoffreich.

Da die selbstgemachten Marmeladen keinen Zucker enthalten, sind sie gekühlt nur wenige Tage haltbar.

Herzhafte Waffeln
mit Speck und frischen Kräutern

20 Minuten

FÜR 5 STÜCK

2	Eier
je 1	Stängel Petersilie und Basilikum
2	Rollen Schnittlauch
50 g	gemahlene Mandeln
1 TL	Backpulver
100 g	Frischkäse
20 g	Speckwürfel
	Salz und Pfeffer

AUSSERDEM

5 g	Butter zum Einfetten

1 Die Eier in einer Schüssel schaumig rühren.

2 Die Blätter von Petersilie und Basilikum abzupfen und mit den Schnittlauchröllchen fein hacken.

3 Die gehackten Kräuter sowie die restlichen Zutaten zu den schaumigen Eiern geben und alles miteinander verrühren.

4 Das Waffeleisen mit Butter einreiben und den Teig esslöffelweise hineingeben.

5 Waffel goldbraun ausbacken, bis sie sich einfach vom Waffeleisen löst.

6 Die restlichen Waffeln nacheinander ausbacken und nach Belieben mit Speck und Kräutern toppen.

TIPP

Auch geräucherter Lachs passt wunderbar dazu.

Für vegetarische Waffeln einfach die Speckwürfel weglassen und durch getrocknete Tomaten und frische Kräuter ersetzen.

NÄHRWERTE pro Stück

168	kcal
15 g	Fett
2 g	Kohlenhydrate,
2 g	davon verwertbare Kohlenhydrate
6 g	Protein

Knackiges Körnerbrot

mit Hanfsamen, Leinsamen und Chiasamen

45 Min. + 60 Min. Backzeit

FÜR EINEN BROTLAIB

30 g	Haselnüsse
30 g	Mandeln
100 g	gemahlene Mandeln
20 g	Hanfsamen
75 g	Sonnenblumen-kerne
60 g	Kürbiskerne
90 g	Leinsamen
25 g	Chiasamen
10 g	Goldleinmehl
1 TL	Salz
15 g	Erythrit
25 g	Kokosöl
350 g	heißes Wasser

1 Haselnüsse und Mandeln grob hacken.

2 Gehackte Haselnüsse und Mandeln mit den restlichen trockenen Zutaten in eine Rührschüssel geben und vermengen.

3 Kokosöl und heißes Wasser zugeben und miteinander vermischen.

4 Den Inhalt der Rührschüssel abgedeckt an einem warmen Ort für 30 Minuten quellen lassen.

5 Anschließend den Teig in eine eckige, mit Backpapier ausgelegte Backform geben und gut festdrücken.

6 Das Körnerbrot bei 175 °C Umluft für ca. 60 Minuten backen.

7 Das Brot vor dem Anschneiden vollständig auskühlen lassen.

NÄHRWERTE pro 100 g

372	kcal
28 g	Fett
5 g	Kohlenhydrate,
3 g	davon verwertbare Kohlenhydrate
13 g	Protein

Süße Waffeln

mit geschlagener Sahne und Beeren

15 Minuten

FÜR 5 STÜCK

2	Eier
20 g	Erythrit
50 g	gemahlene Mandeln
1 TL	Backpulver
100 g	Frischkäse
1 Prise	Salz

AUSSERDEM

Butter zum Einfetten

Schlagsahne

Frische Beeren

1 Eier und Erythrit in eine Schüssel geben und schaumig rühren.

2 Die restlichen Zutaten zugeben und alles zu einem glatten Teig verrühren.

3 Das Waffeleisen mit Butter einreiben und den Teig esslöffelweise hineingeben.

4 Waffel goldbraun ausbacken, bis sie sich einfach vom Waffeleisen löst.

5 Waffeln nacheinander ausbacken und nach Belieben mit geschlagener Sahne und Beeren toppen.

 BEI LOW CARB WIRD ES FRUCHTIG

Als Topping eignen sich auch etwas kohlenhydratreichere Früchte wie Kirschen mit 13 g Kohlenhydraten pro 100 g im Vergleich zu Blaubeeren mit 7 g/100 g.

NÄHRWERTE pro Stück

149	kcal
13 g	Fett
6 g	Kohlenhydrate,
2 g	davon verwertbare Kohlenhydrate
6 g	Protein

Schokoaufstrich

Gefleckter Aufstrich mit zweierlei Schokolade

20 Min. + 60 Min. Ruhezeit

FÜR EIN GLAS (250 ML)

HELLE CREME

50 g	Schlagsahne
100 g	zuckerfreie Vollmilch-schokolade

DUNKLE CREME

50 g	Schlagsahne
100 g	zuckerfreie Edelbitter-schokolade

FÜR DIE HELLE CREME

1 Die Schlagsahne in einem kleinen Topf erhitzen.

2 Die Vollmilch-Schokolade grob hacken und unter die Schlagsahne rühren, bis sie vollständig geschmolzen ist.

FÜR DIE DUNKLE CREME

1 In einem weiteren kleinen Topf die Schlagsahne erwärmen.

2 Ebenfalls die Edelbitter-Schokolade grob hacken und unter die Sahne rühren, bis eine homogene Creme entsteht.

ZUM SCHLUSS

1 Die beiden Cremes für ca. 1 Stunde im Kühlschrank abkühlen lassen, bis die Konsistenz dickflüssig ist.

2 Helle und dunkle Creme abwechselnd in ein 250 ml fassendes, verschließbares Glas schichten.

3 Den Schokoaufstrich im Kühlschrank aufbewahren und etwa 15 Minuten vor Verzehr bei Raumtemperatur stehen lassen.

FÜR ALLE LOW-CARBER

Für einen Kuhflecken-Schoko-Aufstrich zuckerfreie weiße Schokolade statt der Vollmilch verwenden. Diese hat mehr verwertbare Kohlenhydrate, da sie meist mit Xylit gesüßt ist.

NÄHRWERTE pro 100 g

416	kcal
37 g	Fett
22 g	Kohlenhydrate,
8 g	davon verwertbare Kohlenhydrate
7 g	Protein

Peanutbutter-Shake

Die volle Kraft der Erdnuss in einem Shake!

FÜR 2 PORTIONEN

50 g	Erdnussbutter
20 g	Backkakao
40 g	Erythrit
1 Prise	Salz
150 g	ungesüßte Mandelmilch
100 g	Eiswürfel

FÜR DIE DEKORATION

1 TL	geröstete Erdnüsse

1 Alle Zutaten in ein hohes Gefäß geben und etwa 15 Sekunden cremig pürieren.

2 Den Erdnuss-Shake nach Belieben mit gehackten Erdnüssen toppen und mit Erdnussbutter beträufeln.

 KEIN ERDNUSS-FREUND?

Eine leckere Alternative zu Erdnussbutter sind Nussmuse aus Haselnüssen oder Mandeln – so ist der Shake auch paleo-freundlich.

NÄHRWERTE pro Portion

192	kcal
14 g	Fett
23 g	Kohlenhydrate,
3 g	davon verwertbare Kohlenhydrate
11 g	Protein

Pink Latte

eine koffeinfreie Alternative zu Kaffee

FÜR 2 PORTIONEN

250 ml ungesüßte
Mandelmilch

50 ml rote-Beete-Saft

1 – 2 TL Puder-Erythrit

1 Mandelmilch erhitzen und aufschäumen.

2 Geschäumte Mandelmilch mit Puder-Erythrit verrühren und auf Gläser verteilen. Die Gläser mit rote-Beete-Saft auffüllen.

NÄHRWERTE pro Portion

27 kcal – 2 g Fett – 7 g Kohlenhydrate,
davon 2 g verwertbare Kohlenhydrate – 1 g Protein

 MACH´S ZUM KETO-BOOSTER

Der Latte fehlt etwas Fett zum ketogenen Glück – ein Schuss MCT-Öl oder Sahne kann da helfen.

Chai Latte

FÜR 2 PORTIONEN

300 ml ungesüßte
Mandelmilch

1 Zimtstange

2 Gewürznelken

1 Sternanis

1 Prise Muskat und Zimt

1 TL schwarzer Tee

1 – 2 TL Puder-Erythrit

1 250 ml Mandelmilch erhitzen und Gewürze darin ca. 5 Minuten ziehen lassen.

2 Schwarzen Tee zugeben und 3 Minuten ziehen lassen.

3 Milch durch ein Sieb geben, mit Puder-Erythrit verrühren und auf Gläser verteilen. Restliche Mandelmilch aufschäumen und die Gläser damit auffüllen.

NÄHRWERTE pro Portion

23 kcal – 2 g Fett – 6 g Kohlenhydrate,
davon 1 g verwertbare Kohlenhydrate – 1 g Protein

Grüne Frühstücks-Bowl

mit Avocado, Gurke und Babyspinat

FÜR 2 PORTIONEN

100 g	Gurke
½	Avocado
10 g	Babyspinat
20 g	Puder-Erythrit
50 g	Kokosmilch
150 g	ungesüßte Mandelmilch
15 g	Kokosöl
1 Prise	gemahlene Vanille

OPTIONAL

20 g	Kollagen- oder Proteinpulver

1 Gurke in große Würfel schneiden.

2 Avocado halbieren, Kern entfernen und Fruchtfleisch herauslösen.

3 Gurkenwürfel und Avocadofruchtfleisch sowie alle restlichen Zutaten in einen Standmixer geben.

4 Die Zutaten für ca. 30 Sekunden cremig pürieren.

5 Grüne Frühstücksbowl auf Gläser verteilen und nach Belieben mit gehackten Mandeln oder Gurkenstreifen toppen.

NÄHRWERTE pro Portion

254	kcal
22 g	Fett
19 g	Kohlenhydrate,
4 g	davon verwertbare Kohlenhydrate
12 g	Protein

Schokoladiger Shake

der Klassiker Schokolade darf nicht fehlen!

FÜR 2 PORTIONEN

30 g	Haselnussmus
20 g	Backkakao
30 g	Puder-Erythrit
200 g	ungesüßte Mandelmilch

OPTIONAL

40 g	Schlagsahne

1 Alle Zutaten in einen Standmixer geben und etwa 15 Sekunden cremig mixen.

TIPP

Der Shake wird mit Schlagsahne noch cremiger, ist dann jedoch nicht mehr paleo.

NÄHRWERTE pro Portion
223 kcal – 19 g Fett – 18 g Kohlenhydrate, davon 2,8 g verwertbare Kohlenhydrate – 6 g Protein

Guten-Morgen-Shake

für alle, denen Kaffee zu langweilig ist

FÜR 2 PORTIONEN

100 ml	Espresso
30 g	Mandelmus
30 g	Puder-Erythrit
150 g	Kokosmilch

1 Espresso zubereiten und abkühlen lassen.

2 Alle restlichen Zutaten sowie den kalten Espresso in einen Standmixer geben und etwa 15 Sekunden mixen.

NÄHRWERTE pro Portion
231 kcal – 23 g Fett – 17 g Kohlenhydrate, davon 2 g verwertbare Kohlenhydrate – 5 g Protein

Fruchtiger Papaya-Shake

mit frischen Erdbeeren

FÜR 2 PORTIONEN

60 g	Erdbeeren
60 g	Papaya
30 g	Puder-Erythrit
½ TL	Zitronensaft
150 g	ungesüßte Mandelmilch

1 Erdbeeren vom Stiel befreien und halbieren. Papaya halbieren, Kerne entfernen und Fruchtfleisch von der Schale schneiden.

2 Erdbeerstücke, Papayafruchtfleisch sowie die restlichen Zutaten in einen Standmixer geben und etwa 30 Sekunden cremig pürieren.

NÄHRWERTE pro Portion
29 kcal – 1 g Fett – 19 g Kohlenhydrate,
davon 4 g verwertbare Kohlenhydrate – 1 g Protein

 SAG JA ZUM FETT

Der Shake wird ketogen mit einer Extraportion Fett, z. B. Kokosöl, Sahne oder MCT-Öl.

Exotischer Kokos-Shake

mit Maracuja und Papaya

FÜR 2 PORTIONEN

1	Maracuja
60 g	Papaya
30 g	Puder-Erythrit
	Saft von ½ Zitrone
150 g	Kokosmilch
50 g	Wasser

1 Maracuja halbieren und Fruchtfleisch herauslöffeln.

2 Papaya halbieren, Kerne entfernen und Fruchtfleisch von der Schale schneiden.

3 Maracuja- und Papayafruchtfleisch sowie die restlichen Zutaten in einen Standmixer geben und etwa 20 Sekunden cremig pürieren.

NÄHRWERTE pro Portion
165 kcal – 14 g Fett –22 g Kohlenhydrate,
davon 6 g verwertbare Kohlenhydrate – 2 g Protein

Saure Energiebällchen
mit Zitrone und Kokos

15 Min. + 30 Min. Ruhezeit

FÜR 15 STÜCK

BÄLLCHEN

50 g	Kokosöl
	Abrieb und Saft von ½ Zitrone
75 g	Kokosraspel
50 g	gemahlene Mandeln
50 g	Erythrit

ZUM WÄLZEN

1 EL	Kokosrapsel
1 Prise	Zitronenabrieb

1 Das Kokosöl erwärmen, sodass es weich wird und sich besser verarbeiten lässt.

2 Zitronenschale abreiben, Zitrone halbieren und entsaften.

3 Kokosöl, Zitronensaft und -abrieb mit den restlichen Zutaten in eine Schüssel geben und zu einer homogenen Masse verkneten.

4 Aus der Masse tischtennisgroße Bällchen formen und in Kokosraspeln und dem restlichen Zitronenabrieb wälzen.

5 Die veganen Energiebällchen für 30 Minuten in den Kühlschrank stellen.

TIPP

Noch lustiger, aber weniger sauer werden die kleinen Bällchen mit frisch gepresstem Saft aus Orangen oder mit pürierten Himbeeren.

NÄHRWERTE pro Stück

93	kcal
8 g	Fett
4 g	Kohlenhydrate,
1 g	davon verwertbare Kohlenhydrate
1 g	Protein

Blaubeer-Muffins

für den beerigen Start in den Tag

40 Min. + 30 Min. Ruhezeit

FÜR 6 STÜCK

40 g	Butter
2	Eier
25 ml	Mandelmilch
50 g	Erythrit
20 g	Mandelmehl
50 g	gemahlene Mandeln
½ TL	Backpulver
1 Prise	Salz

AUSSERDEM

75 g	Blaubeeren

1 Butter in einem kleinen Topf oder der Mikrowelle schmelzen.

2 In einer Rührschüssel geschmolzene Butter mit Eiern und Mandelmilch cremig rühren.

3 In einer zweiten Schüssel Erythrit, Mandelmehl, gemahlene Mandeln, Backpulver, Salz vermengen.

4 Die trockenen Zutaten unter die Eiermilch rühren, sodass ein etwas flüssiger Teig entsteht.

5 Blaubeeren vorsichtig unter den Teig heben.

6 Den Teig in 6 gefettete (oder Silikon-)Muffinförmchen verteilen und bei 175 °C Umluft für 20 Minuten backen.

 KLAPPT AUCH MIT ANDEREM OBST

Statt Blaubeeren passen auch gut klein geschnittene Pflaumen oder Äpfel zu den Muffins.

NÄHRWERTE pro Stück

147	kcal
12 g	Fett
10 g	Kohlenhydrate,
2 g	davon verwertbare Kohlenhydrate
5 g	Protein

Schokoladige Kaffeebällchen

mit Espresso und Haselnüssen

15 Minuten

FÜR 15 STÜCK

BÄLLCHEN

75 g	Kokosöl
1 EL	kalter Espresso
70 g	Mandelmehl
10 g	Kakaopulver
50 g	zuckerfreie Edelbitter-Schokolade
25 g	gehackte Haselnüsse

ZUM ÜBERZIEHEN

50 g	zuckerfreie Edelbitter-Schokolade

1 Das Kokosöl erwärmen, sodass es weich wird und sicher besser verarbeiten lässt.

2 Espresso vorbereiten und abkühlen lassen.

3 Kokosöl und kalten Espresso mit den restlichen Zutaten in eine Schüssel geben und zu einer homogenen Masse verkneten.

4 Aus der Masse tischtennisgroße Bällchen formen.

5 Die Schokolade zum Überziehen vorsichtig schmelzen und die Bällchen damit beträufeln.

6 Die Kaffeebällchen für 30 Minuten in den Kühlschrank stellen.

TIPP

Bei 7 °C im Kühlschrank fühlen sich die kleinen Energiekugeln am wohlsten.

NÄHRWERTE pro Stück

104	kcal
9 g	Fett
4 g	Kohlenhydrate,
2 g	davon verwertbare Kohlenhydrate
3 g	Protein

Frühlingshafter Spargelsalat

mit Erdbeeren, Mozzarella und Balsamico

20 Minuten

FÜR 2 PORTIONEN

SALAT

200 g	grüner Spargel
100 g	Erdbeeren
75 g	Kirschtomaten
20 g	Parmesan
50 g	Blattsalat
200 g	Mozzarellakugeln
1	Stängel Basilikum

DRESSING

5 g	Balsamico-Creme
10 g	Olivenöl
	Salz und Pfeffer

1 Spargelenden abschneiden und Spargel nach Bedarf schälen.

2 Reichlich Wasser in einem großen Topf zum Kochen bringen, salzen und Spargelstangen darin ca. 3 Minuten blanchieren.

3 In der Zwischenzeit den Strunk der Erdbeeren entfernen und die Früchte vierteln. Kirschtomaten halbieren. Parmesan hobeln oder reiben.

4 Blattsalat auf Teller verteilen, Spargelstangen, Erdbeerviertel, Kirschtomatenhälften und Mozzarellakugeln darauf anrichten.

5 Alles mit gehobeltem Parmesan und Basilikumblättern dekorieren.

6 Den Spargelsalat mit Balsamico-Creme und Olivenöl beträufeln, mit Salz und Pfeffer würzen.

 MACH'S DIR KETO

Der Spargelsalat wird ganz leicht keto-tauglich. Dafür auf die Balsamico-Creme verzichten und 50 g Erdbeeren verwenden.

Dann ergeben sich folgende Nährwerte: 396 kcal – 30 g Fett – 5,5 g Kohlenhydrate, davon 5,5 g verwertbare Kohlenhydrate – 20 g Eiweiß.

NÄHRWERTE pro Portion

410	kcal
30 g	Fett
9 g	Kohlenhydrate,
9 g	davon verwertbare Kohlenhydrate
21 g	Protein

Shrimps im Cocktailglas

in einer fruchtigen Soße

15 Minuten

FÜR 2 PORTIONEN

COCKTAILSOSSE

50 g	Mayonnaise (Seite 178)
25 g	Schlagsahne
10 g	Tomatenmark
	Saft von ¼ Zitrone
	Salz und Pfeffer

AUSSERDEM

50 g	Eisbergsalat
200 g	gegarte Garnelen
1	Stängel Dill

1 Mayonnaise, Schlagsahne, Tomatenmark und einen Spritzer Zitronensaft in einer kleinen Schüssel zu einer Soße verrühren.

2 Cocktailsoße mit Salz und Pfeffer abschmecken.

3 Den Eisbergsalat in mundgerechte Stücke schneiden und in Gläser verteilen.

4 Die Garnelen auf den Salat geben und die Cocktailsoße darüberträufeln.

5 Dillspitzen abzupfen und grob hacken.

6 Den Shrimps-Cocktail mit den Dillspitzen bestreuen und zusammen mit der restlichen Zitrone dekorieren.

NÄHRWERTE pro Portion

301	kcal
23 g	Fett
3 g	Kohlenhydrate,
3 g	davon verwertbare Kohlenhydrate
21 g	Protein

Deftiger Krautsalat
mit gebratenem Speck

30 Min. + 2 Std. Ruhezeit

FÜR 4 PORTIONEN

½	Weißkohl
1 TL	Salz

AUSSERDEM

½	Zwiebel
15 g	Butter
75 g	Speckwürfel
10 g	Erythrit
1½ EL	Apfelessig
75 ml	Wasser
1 Prise	ganzer Kümmel
	Pfeffer

1 Weißkohl halbieren, grob reiben und in einer großen Schüssel mit Salz vermengen.

2 Den geraspelten Weißkohl abgedeckt 30 Minuten ziehen lassen.

3 Kohl kräftig durchkneten und in einem Sieb abtropfen lassen.

4 In der Zwischenzeit Zwiebel abziehen und in feine Würfel schneiden.

5 In einer kleinen Pfanne Butter erhitzen und Speckwürfel darin 1 Minute scharf anbraten. Zwiebelwürfel und Erythrit zugeben und weitere 5 Minuten braten.

6 Den Inhalt der Pfanne mit Apfelessig und Wasser ablöschen, Topf vom Herd nehmen und Sud mit Pfeffer und Kümmel würzen.

7 Das Kraut zurück in die Schüssel geben, mit heißem Sud übergießen und den Krautsalat für 2 Stunden durchziehen lassen.

NÄHRWERTE pro Portion

119	kcal
8 g	Fett
9 g	Kohlenhydrate,
6,3 g	davon verwertbare Kohlenhydrate
5 g	Protein

Besser als Bratkartoffeln

Bratsellerie mit Speckwürfel und Zwiebeln

30 Minuten

FÜR 2 PORTIONEN

400 g	Knollensellerie
20 g	Butter
½	Zwiebel
50 g	Speckwürfel
¼ TL	gemahlener edelsüßer Paprika
1 Prise	gemahlener scharfer Paprika
	Salz und Pfeffer

1 Knollensellerie schälen, in ca. 1 cm dicke Scheiben schneiden und diese in mundgerechte Stücke schneiden.

2 In einer großen Pfanne Butter erhitzen und die Selleriestücke darin abgedeckt ca. 10 Minuten bei mittlerer Hitze garen.

3 In der Zwischenzeit Zwiebel abziehen und fein würfeln.

4 Zwiebel- und Speckwürfel zum Sellerie geben und alles für weitere 8 – 10 Minuten ohne Deckel braten.

5 Bratsellerie mit gemahlenem Paprika, Salz und Pfeffer abschmecken.

NÄHRWERTE pro Portion

210	kcal
15 g	Fett
7 g	Kohlenhydrate,
7 g	davon verwertbare Kohlenhydrate
8 g	Protein

Frischer Gurkensalat

mit viel Dill und Schmand

40 Min. + 30 Min. Ziehzeit

FÜR 2 PORTIONEN

1	Gurke
2 TL	Salz
1	Knoblauchzehe
1	Bund Dill
75 g	Schmand
20 g	Apfelessig
	Pfeffer

1 Gurke in feine Scheiben schneiden oder hobeln und in eine große Schüssel geben.

2 Gurkenscheiben mit Salz bestreuen, gründlich miteinander vermischen und für 30 Minuten ziehen lassen.

3 In der Zwischenzeit Knoblauch abziehen und fein hacken. Dill ebenfalls fein hacken.

4 Nach der Ziehzeit das entstandene Gurkenwasser abgießen.

5 Gehackten Knoblauch, Dill, Schmand und Apfelessig zu den Gurkenscheiben geben und miteinander verrühren.

6 Den erfrischenden Gurkensalat mit Pfeffer abschmecken und bis zum Genießen im Kühlschrank ziehen lassen.

TIPP

Zu diesem leckeren leichten Gurkensalat passt das Gericht Wildlachs à la Bordelaise einfach perfekt (Seite 122).

NÄHRWERTE pro Portion

117	kcal
9 g	Fett
5,5 g	Kohlenhydrate,
5,5 g	davon verwertbare Kohlenhydrate
3 g	Protein

Bunter Salat

mit Avocadodressing

15 Minuten

FÜR 2 PORTIONEN

DRESSING

½	Avocado
2	Stängel Basilikum
10 g	Olivenöl
15 g	Kokosöl
10 g	Apfelessig
½ TL	Salz

SALAT

¼	Zucchini
½	Gurke
½	rote Paprika
10	Kirschtomaten
100 g	Blattsalat
25 g	Blaubeeren

NÄHRWERTE pro Portion

264	kcal
21 g	Fett
9 g	Kohlenhydrate,
9 g	davon verwertbare Kohlenhydrate
4 g	Protein

FÜR DAS DRESSING

1 Avocado halbieren, Kern entfernen, Fruchtfleisch herauslösen und in ein hohes Rührgefäß geben.

2 Basilikumblätter abzupfen und zusammen mit den restlichen Zutaten zur Avocado geben.

3 Alles miteinander pürieren, bis ein cremiges Dressing entsteht.

FÜR DEN SALAT

1 Zucchini mit einem Sparschäler in feine Scheiben schneiden und einrollen, alternativ in 1 cm große Würfel schneiden.

2 Gurke längs halbieren und in dünne Halbmonde schneiden.

3 Paprika halbieren, Kerngehäuse entfernen und Paprikahälften in ca. 1,5 cm große Stücke schneiden.

4 Kirschtomaten halbieren und mit Blattsalat, Blaubeeren und den restlichen geschnittenen Salatzutaten in einer großen Schüssel vermengen.

5 Bunten Salat anrichten und mit Avocadodressing genießen.

MIT GRÜN WIRD ES KETO

Statt roter Paprika lieber die grüne Variante für Salate nutzen, so verringert sich allein dadurch der Kohlenhydratanteil von 9 g auf 7,5 g pro Portion.

Falscher Bulgursalat
aus Blumenkohl

20 Minuten

FÜR 2 PORTIONEN

350 g	Blumenkohl
10	Kirschtomaten
1	Frühlingszwiebel
¼	Gurke
50 g	schwarze Oliven
1	Stängel Petersilie

AUSSERDEM

1 EL	Kokosöl
1 EL	Olivenöl
	Salz und Pfeffer

1 Blumenkohl in kleine Röschen teilen und diese in einem Mixer fein zerkleinern.

2 Kirschtomaten vierteln. Weißen und grünen Teil der Frühlingszwiebel getrennt voneinander in dünne Ringe schneiden.

3 Die Gurke längs halbieren, Kerngehäuse entfernen und Gurkenhälften in Halbmonde schneiden.

4 Oliven entsteinen und in Ringe schneiden. Blätter der Petersilie abzupfen und hacken.

5 In einer großen Pfanne Kokosöl erhitzen und weiße Frühlingszwiebelringe darin 1 – 2 Minuten anbraten.

6 Kirschtomatenstücke zugeben und kurz mitbraten.

7 Zerkleinerten Blumenkohl unter den Pfanneninhalt rühren und für ca. 3 Minuten mitgaren.

8 Anschließend gegarten Blumenkohl in eine Schüssel füllen und kurz abkühlen lassen.

9 Unter den Bulgursalat Gurkenstücke, Olivenringe und gehackte Petersilie mischen, mit Olivenöl beträufeln und mit Salz und Pfeffer abschmecken.

TIPP

Gegrillte Hähnchenbrust schmeckt zu diesem leichten Bulgursalat hervorragend.

NÄHRWERTE pro Portion

226	kcal
15 g	Fett
7 g	Kohlenhydrate,
7 g	davon verwertbare Kohlenhydrate
6 g	Protein

Brokkoli-Taboulé

mit Nektarine, Feta und Gurke

30 Minuten

FÜR 2 PORTIONEN

SALAT

200 g	Brokkoli
½	rote Zwiebel
1	Knoblauchzehe
1 EL	Olivenöl
¼	Gurke
½	Nektarine
¼	Granatapfel
125 g	Feta
10 g	geröstete Haselnüsse
je 1	Stängel Petersilie und Minze

DRESSING

	Saft von ¼ Zitrone
1 EL	Olivenöl
	Salz und Pfeffer

NÄHRWERTE pro Portion

373	kcal
30 g	Fett
9 g	Kohlenhydrate,
9 g	davon verwertbare Kohlenhydrate
16 g	Protein

1 Brokkoli in kleine Röschen teilen und diese in einem Mixer fein zerkleinern.

2 Rote Zwiebel abziehen, halbieren und die Zwiebelhälften in feine Ringe schneiden.

3 Knoblauch abziehen und fein würfeln.

4 In einer großen Pfanne Olivenöl erhitzen und Zwiebelstreifen und Knoblauchwürfel darin 2 – 3 Minuten glasig dünsten.

5 Anschließend zerkleinerten Brokkoli dazugeben und nochmals 2 Minuten braten. Mit Salz und Pfeffer würzen.

6 Für den Salat Gurke halbieren, Kerngehäuse entfernen und Gurkenhälften in Halbmonde schneiden. Nektarine halbieren, Kern entfernen und Fruchtfleisch würfeln. Granatapfelkerne herauslösen. Feta mit den Händen zerkrümeln.

7 Blätter der Petersilie und Minze abzupfen und in Streifen schneiden.

8 Zitrone entsaften und zusammen mit dem restlichen Olivenöl, Salz und Pfeffer ein Dressing vorbereiten.

9 Gurkenstücke, Nektarinenwürfel, Granatapfelkerne und Feta unter das Brokkoli-Taboulé heben und auf tiefe Teller verteilen. Dressing darüber geben und mit gehackten Kräutern und Haselnüssen bestreuen.

SO SPART MAN KOHLENHYDRATE

Nektarine und Granatapfelkerne weglassen: 359 kcal – 30 g Fett – 7 g Kohlenhydrate, davon 6,5 g verwertbare Kohlenhydrate – 16 g Eiweiß.

Kartoffelbrei

als kohlenhydratarme Variante mit Blumenkohl

25 Minuten

FÜR 4 PORTIONEN

750 g	Blumenkohl
200 g	Knollensellerie
100 g	Kartoffeln
350 g	Wasser

AUSSERDEM

30 g	Butter
	gemahlene Muskatnuss
	Salz und Pfeffer

FÜR DIE DEKORATION

1	Stängel Petersilie

1 Blumenkohl in kleine Röschen schneiden. Knollensellerie und Kartoffeln schälen und in etwa 2 cm große Würfel schneiden.

2 Das Wasser in einem großen Topf zum Kochen bringen, salzen und Blumenröschen sowie Sellerie- und Kartoffelwürfel zugeben.

3 Das Gemüse abgedeckt etwa 10 Minuten bei mittlerer Hitze weich garen.

TIPP

Der Deckel verhindert, dass das Wasser zu schnell verdunstet. Zudem ist dies nachhaltiger, da weniger Energie benötigt wird.

4 Anschließend weiches Gemüe mit einem Pürierstab pürieren und mit Butter, gemahlener Muskatnuss, Salz und Pfeffer abschmecken.

5 Petersilie hacken und Kartoffelbrei damit anrichten.

TIPP

Der Blumenkohl-Kartoffel-Brei schmeckt als Beilage zum Krustenbraten (Seite 256) oder zum Kräuterlachs mit Bohnen (Seite 224).

 GEHT´S NOCH KETOGENER?

Die Kartoffel im Brei gibt dem Ganzen einen authentischen Geschmack, kann aber bei Bedarf durch den kohlenhydratärmern Sellerie ersetzt werden.

NÄHRWERTE pro Portion

127	kcal
7 g	Fett
8 g	Kohlenhydrate,
8 g	davon verwertbare Kohlenhydrate
6 g	Protein

Thunfischsalat
mit Staudensellerie und Ei

40 Min. + 60 Min. Ziehzeit

FÜR 2 PORTIONEN

2	Eier
150 g	Thunfisch (Dose)
2	Stangen Staudensellerie
½	rote Zwiebel
½	Avocado
50 g	Mayonnaise (Seite 178)
1	Spritzer Zitronensaft
	Salz und Pfeffer

1 Wasser in einen kleinen Topf geben, aufkochen lassen und Eier darin für 7 – 10 Minuten weichkochen.

2 Thunfisch mit einer Gabel zerkleinern und in eine Schüssel geben.

3 Staudensellerie in feine Ringe schneiden. Zwiebel abziehen, halbieren und Zwiebelhälfte in feine Streifen schneiden. Avocado ebenfalls halbieren, Kern entfernen, Fruchtfleisch herauslösen und in 1,5 cm große Würfel schneiden.

4 Eier pellen, grob würfeln und zusammen mit den Staudensellerieringen, Zwiebelringen und Avocadowürfel zum Thunfisch geben.

5 Salatzutaten mit Mayonnaise verrühren und mit Zitronensaft, Salz und Pfeffer würzen.

6 Thunfischsalat vor dem Genießen für eine Stunde durchziehen lassen.

TIPP

Besonders lecker schmeckt der Thunfischsalat auf dem selbstgemachten frischen Körnerbrot von Seite 68.

NÄHRWERTE pro Portion

371	kcal
28 g	Fett
4 g	Kohlenhydrate,
4 g	davon verwertbare Kohlenhydrate
27 g	Protein

Falafelbällchen
aus Blumenkohl und Zucchini

20 Min. + 35 Min. Backzeit

FÜR CA. 25 STÜCK

300 g	Zucchini
200 g	Blumenkohl
½	rote Zwiebel
1	Knoblauchzehe
je 2	Stängel Petersilie und Koriander
50 g	gemahlene Mandeln
25 g	Mandelmehl
1	Ei
½ TL	Backpulver
1 TL	Flohsamenschalen
1½ TL	Salz
1 TL	gemahlener Kumin
1 Prise	gemahlener Chili
1 Prise	gemahlener Kardamom
1 Prise	gemahlener scharfer Paprika
1 Prise	Pfeffer

AUSSERDEM

1 EL	Olivenöl

1 Zucchini grob klein schneiden und in eine Küchenmaschine/Zerkleinerer geben. Blumenkohl in kleine Röschen schneiden und ebenfalls zugeben.

2 Zucchini und Blumenkohl etwa 20 Sekunden zerkleinern, eventuell die Masse von den Seiten nach unten schaben und erneut zerkleinern.

3 Die Masse mit den Händen fest ausdrücken, sodass die Flüssigkeit herausgepresst wird.

4 Zwiebel und Knoblauch abziehen und fein hacken. Petersilien- und Korianderblätter abzupfen und ebenfalls hacken.

5 Die restlichen Zutaten zur Falafelmasse geben und miteinander vermengen.

6 Aus der Masse etwa 25 Bällchen formen und auf ein mit Backpapier belegtes Blech legen.

7 Die Falafel mit Olivenöl bepinseln und für 20 Minuten bei 175 °C Umluft backen.

8 Anschließend die Falafel wenden, erneut mit Olivenöl bepinseln und weitere 15 Minuten goldbraun backen.

NÄHRWERTE pro Stück

34	kcal
2 g	Fett
1 g	Kohlenhydrate,
1 g	davon verwertbare Kohlenhydrate
2 g	Protein

Cremige Porreesuppe

mit Champignons und Speckwürfeln

30 Minuten

FÜR 3 PORTIONEN

500 g	Champignons
2	Stangen Porree
2	kleine Zwiebeln
2	Knoblauchzehen
2	Stängel Thymian
150 g	Knollensellerie
30 g	Butter
100 g	Speckwürfel
500 ml	Wasser
200 ml	Schlagsahne
100 ml	trockener Weißwein
2 TL	Johannisbrot-kernmehl
½	Bund Petersilie
1 Prise	gem. Muskatnuss
	Salz und Pfeffer

NÄHRWERTE pro Portion

489	kcal
39 g	Fett
12 g	Kohlenhydrate,
12 g	davon verwertbare Kohlenhydrate
14 g	Protein

1 Champignons in Scheiben schneiden. Porree längs aufschneiden, gründlich auswaschen und in Ringe schneiden.

2 Zwiebel und Knoblauch abziehen und fein würfeln. Thymianblätter abzupfen.

3 Knollensellerie schälen und ebenfalls in etwa 1 cm große Würfel schneiden.

4 In einem großen Topf Butter zerlassen und Champignonscheiben mit Speckwürfeln ca. 5 Minuten bei mittlerer Stufe anbraten.

5 Die Hälfte der Pilz-Speck-Mischung aus dem Topf nehmen und als Topping beiseitestellen.

6 Nun Porreeringe, Knollenselleriewürfel sowie kleingeschnittene Zwiebel und Knoblauch dazugeben und kurz mitbraten.

7 Den Inhalt des Topfes mit Wasser ablöschen und 10 Minuten köcheln lassen.

8 Schlagsahne und Weißwein zur Suppe geben. Für die richtige Konsistenz Johannisbrotkernmehl in die Suppe streuen und gut unterrühren.

9 Petersilie klein hacken und unterheben. Porreesuppe mit Muskatnuss, Salz und Pfeffer abschmecken und mit dem Champignon-Speck-Topping servieren.

FETT SPAREN BEI LOW CARB

Fettärmer wird die Porreesuppe, wenn man einen Teil der Schlagsahne durch Wasser oder Gemüsefond ersetzt.

Chili con Carne

der feurig-deftige Eintopf

35 Minuten

FÜR 4 PORTIONEN

1	Zwiebel
2	Knoblauchzehen
je 30 g	Butter und Olivenöl
800 g	Rinderhackfleisch
½	grüne Paprika
1	roter Chili
100 g	Mais (Dose)
120 g	Kidneybohnen (Dose)
200 ml	Gemüsefond
500 g	passierte Tomaten
2 EL	gem. edelsüße Paprika
¼ TL	gem. scharfe Paprika
1 EL	Backkakao
½ TL	Zimt
2 EL	Salz
1 Prise	Cayennepfeffer

NÄHRWERTE pro Portion

883	kcal
75 g	Fett
15 g	Kohlenhydrate,
15 g	davon verwertbare Kohlenhydrate
34 g	Protein

1 Zwiebel und Knoblauch abziehen und klein schneiden.

2 Butter und Olivenöl in einem großen Topf erhitzen und Zwiebelwürfel sowie Knoblauch darin 2 – 3 Minuten anbraten.

3 Hackfleisch zugeben und etwa 10 Minuten braun und krümelig braten.

4 In der Zwischenzeit Paprika halbieren, Kerngehäuse entfernen und Paprika in ca. 1,5 cm große Stücke schneiden. Chili ebenfalls längs halbieren, Kerne entfernen und Chili in kleine Ringe schneiden.

5 Mais und Kidneybohnen durch ein Sieb abgießen und abtropfen lassen.

6 Paprika- und Chilistücke, Mais und Kidneybohnen in den Topf geben .

7 Alles mit passierten Tomaten und Gemüsefond ablöschen und ca. 10 Minuten einköcheln lassen.

8 Chili mit gemahlener Paprika, Backkakao, Zimt, Salz und Cayennepfeffer würzen. Die Bratensoße mit gehackten Basilikum, italienischen Kräutern, Salz und Pfeffer abschmecken.

 CHILI CON CARNE IN KETO

Als kohlenhydratarme Alternative zu Mais und Kidneybohnen für das Chili stattdessen eine gelbe Paprika verwenden.

Die Nährwerte verändern sich pro Portion wie folgt: 853 kcal – 74 g Fett – 10 g Kohlenhydrate und 31 g Eiweiß.

Blumenkohlsuppe

mit einem Hauch von Kokos

30 Minuten

FÜR 2 PORTIONEN

500 g   Blumenkohl

1   Zwiebel

1 EL   Kokosöl

400 ml   Gemüsefond

300 ml   Wasser

AUSSERDEM

250 ml   Kokosmilch

½ TL   gemahlener
         Knoblauch

1 Prise gemahlene
         Muskatnuss

1 TL   Salz

1 Blumenkohl in kleine Röschen schneiden. Zwiebel abziehen und fein würfeln.

2 In einen großen Topf Kokosöl erhitzen und Zwiebelwürfel darin 1 – 2 Minuten glasig braten.

3 Blumenkohlröschen zugeben und den Topfinhalt mit Gemüsefond ablöschen. Soviel Wasser zugeben, bis alle Röschen mit Wasser bedeckt sind und für 15 Minuten auf mittlerer Stufe köcheln lassen, bis sie weich sind.

4 Blumenkohlröschen durch ein Sieb abgießen, das Wasser dabei auffangen und gegarten Blumenkohl zurück in den Topf geben.

5 Kokosmilch zugeben und Suppe cremig pürieren.

6 Je nachdem, wie viel Cremigkeit gewünscht ist, etwas aufgefangenen Gemüsesud zugeben und die Blumenkohlsuppe mit gemahlenem Knoblauch, Muskat und Salz abschmecken.

NÄHRWERTE pro Portion

340	kcal
30 g	Fett
10 g	Kohlenhydrate,
10 g	davon verwertbare Kohlenhydrate
9 g	Protein

Curry mit Hähnchen

Pak Choi und Champignons

45 Minuten

FÜR 2 PORTIONEN

500 g	Hähnchenunter-schenkel
1	rote Zwiebel
1	daumengroßes Stück Ingwer
2 EL	Kokosöl
1 – 2 TL	rote Currypaste
100 g	braune Champignons
150 g	Blumenkohl
1	Karotte
1	Pak Choi
1	Frühlingszwiebel
250 ml	Kokosmilch
250 ml	Wasser
1	Stängel Petersilie
	Salz und Pfeffer

NÄHRWERTE pro Portion

489	kcal
29 g	Fett
10 g	Kohlenhydrate,
10 g	davon verwertbare Kohlenhydrate
37 g	Protein

1 Hähnchenunterschenkel von der Haut trennen.

2 Zwiebel abziehen und in Würfel schneiden. Ingwer schälen und fein würfeln.

3 In einem großen Topf Kokosöl erhitzen, Zwiebel-, Ingwerwürfel, Currypaste und Hähnchenschenkel hineingeben und für ca. 10 Minuten scharf anbraten.

4 In der Zwischenzeit Champignons vierteln. Blumenkohl in Röschen aufteilen. Karotte in Scheiben schneiden. Den weißen und grünen Teil des Pak Choi in Streifen schneiden. Frühlingszwiebel in Ringe schneiden.

5 Anschließend Topfinhalt mit Kokosmilch und Wasser ablöschen und 10 Minuten auf mittlerer Stufe köcheln lassen.

6 Champignonviertel, Blumenkohl, Karottenscheiben und weiße Pak-Choi-Streifen zugeben und weitere 10 Minuten weich garen.

7 Vor dem Servieren den restlichen Pak Choi und die Frühlingszwiebel zugeben. Das Curry mit Salz und Pfeffer abschmecken. Mit gehackter Petersilie garnieren.

Wildlachs à la Bordelaise

Fischfilet mit einer tomatigen Kräuterkruste

10 Min. + 15 Min. Backzeit

FÜR 2 PORTIONEN

250 g	Wildlachsfilets
	Salz und Pfeffer

AUSSERDEM

2 EL	frische Kräuter (z. B. Schnittlauch, Dill, Petersilie)
80 g	Blumenkohl
30 g	gemahlene Mandeln
10 g	Chiasamen
1	Ei
25 g	Tomatenmark

1 Wildlachsfilets mit Salz und Pfeffer von beiden Seiten würzen und in eine Auflaufform geben.

2 Blätter von Dill und Petersilie abzupfen und fein hacken. Schnittlauch in feine Röllchen schneiden.

3 Blumenkohl grob reiben und zusammen mit den Kräutern, gemahlenen Mandeln, Chiasamen, Ei und Tomatenmark in eine kleine Schüssel geben.

4 Den Inhalt der Schüssel vermengen und gleichmäßig auf die Oberseite der Fischfilets streichen.

5 Die Auflaufform für 15 Minuten bei 175 °C Umluft in den Backofen geben, bis der Fisch gar und der Belag goldbraun ist.

TIPP

Zu diesem Wildlachs passt als Beilage der cremige Gurkensalat von Seite 100.

NÄHRWERTE pro Portion

454	kcal
32 g	Fett
6 g	Kohlenhydrate,
6 g	davon verwertbare Kohlenhydrate
33 g	Protein

Quiche Lorraine

mit Speck, Porree und Bergkäse

20 Min. + 30 Min. Backzeit

FÜR 4 PORTIONEN

BODEN

85 g	Mandelmehl
40 g	gemahlene Mandeln
1 TL	Flohsamenschalen
½ TL	Salz
1	Ei
60 ml	kaltes Wasser
2 EL	Olivenöl

FÜLLUNG

1	kleine Zwiebel
½	Stange Porree
75 g	Speck
2	Eier
125 g	Schlagsahne
50 g	Bergkäse
	Muskatnuss, Pfeffer

NÄHRWERTE pro Portion

454	kcal
36 g	Fett
5 g	Kohlenhydrate,
5 g	davon verwertbare Kohlenhydrate
24 g	Protein

FÜR DEN BODEN

1 Alle Zutaten in eine Rührschüssel geben und verkneten, bis ein homogener Teig entsteht.

2 Den Teig mit Hilfe eines Nudelholzes auf einer be(mandel-)mehlten Arbeitsfläche etwa 0,5 cm dick ausrollen.

3 Den ausgerollten Teig in eine gefettete, 18 cm große Springform legen und einen ca. 3 cm hohen Rand formen.

4 Den Quicheboden bei 175 °C Umluft 5 Minuten vorbacken.

FÜR DIE FÜLLUNG

1 In der Zwischenzeit die Zwiebel abziehen und in Würfel schneiden. Porree längs aufschneiden, gründlich auswaschen und in Ringe schneiden. Den Speck ebenfalls in Würfel schneiden.

2 In einer großen Pfanne Speckwürfel ohne Zugabe von Fett anbraten.

3 Anschließend Porreeringe und Zwiebelwürfel zugeben und glasig braten.

4 In einer Rührschüssel Eier und Schlagsahne miteinander verquirlen.

5 Bergkäse grob reiben und zusammen mit dem gebratenen Gemüse zur Eiermasse geben und alles miteinander vermengen. Mit Salz, Pfeffer und gemahlener Muskatnuss würzen.

6 Die Füllung auf dem gebackenen Boden verteilen und die Quiche weitere 30 – 35 Minuten fertig backen.

Pizza Margherita

mit Tomatensoße, Gouda und Mozzarella

15 Min. + 20 Min. Backzeit

FÜR 2 PORTIONEN

BODEN

75 g	Gouda
50 g	Mandelmehl
40 g	Frischkäse
20 g	Olivenöl
5 g	Chiasamen
1	Ei
	Salz und Pfeffer

TOMATENSOSSE

100 g	passierte Tomaten
15 g	Olivenöl
1 TL	italienische Kräuter

BELAG

50 g	Gouda
125 g	Mozzarella
	Frischer Basilikum

NÄHRWERTE pro Portion

706	kcal
57 g	Fett
5 g	Kohlenhydrate,
5 g	davon verwertbare Kohlenhydrate
40 g	Protein

FÜR DEN PIZZABODEN

1 Gouda fein reiben und mit Mandelmehl, Frischkäse, Olivenöl, Chiasamen und Ei in eine Rührschüssel geben. Mit Salz und Pfeffer würzen.

2 Inhalt der Schüssel zu einem glatten Teig verkneten und mit einem Nudelholz dünn auf einem Backpapier ausrollen.

3 Teig auf ein Backblech geben und bei 175 °C Umluft für ca. 10 Minuten vorbacken.

FÜR DIE TOMATENSOSSE

1 In einen kleinen Topf passierte Tomaten mit Olivenöl und italienische Kräutern erhitzen und für ca. 10 Minuten bei mittlerer Hitze köcheln lassen, bis die Soße etwas eindickt.

2 Tomatensoße mit Salz und Pfeffer abschmecken und auf dem Pizzaboden verteilen.

PIZZA BELEGEN

1 Den restlichen Gouda fein reiben auf den Boden streuen.

2 Mozzarella in Scheiben schneiden und die Pizza damit belegen.

3 Pizza Margherita für weitere 10 Minuten backen, bis der Käse geschmolzen ist.

4 Basilikumblätter abzupfen und vor dem Genießen auf der Pizza verteilen.

Shakshuka

Versunkene Spiegeleier in Tomatensoße

25 Minuten

FÜR 2 PORTIONEN

TOMATENSOSSE

1	rote Zwiebel
1	rote Paprika
2	Knoblauchzehen
20 g	Olivenöl
15 g	Butter
400 g	stückige Tomaten (Dose)
1 EL	gemahlene süße Paprika
1 Prise	gemahlene scharfe Paprika
	Salz und Pfeffer

AUSSERDEM

4	Eier
2	Stängel Petersilie
½	roter Chili

NÄHRWERTE pro Portion

399	kcal
29 g	Fett
15 g	Kohlenhydrate,
15 g	davon verwertbare Kohlenhydrate
18 g	Protein

FÜR DIE TOMATENSOSSE

1 Rote Zwiebel abziehen und in feine Würfel schneiden. Paprika halbieren, Kerngehäuse entfernen und Paprikahälften in ca. 1,5 cm große Würfel schneiden. Knoblauch ebenfalls abziehen und fein hacken.

2 In einer großen hohen Pfanne Olivenöl und Butter erhitzen. Zwiebel- und Paprikawürfel darin 3 – 5 Minuten anbraten, bis die Zwiebel- würfel glasig sind.

3 Gehackten Knoblauch zugeben und nach 1 Minute alles mit stückigen Tomaten ablöschen. Hitze reduzieren und Tomaten- soße mit gemahlenem Paprika, 1 TL Salz und Pfeffer würzen.

FÜR DIE VERSUNKENEN EIER

1 In die Tomatensoße mit einem Esslöffel vier Mulden formen und die Eier vorsichtig hineingeben.

2 Pfanne abdecken und die Eier ca. 5 Minuten stocken lassen.

3 In der Zwischenzeit die Blätter der Petersilie abzupfen und hacken. Chili längs halbieren, Kerne entfernen und die Schote in kleine Ringe schneiden.

4 Das Shakshuka mit gehackter Petersilie und Chiliringen garnieren.

Gebratene Gnocchi

mit Bärlauch-Pesto und Kirschtomaten

35 Minuten

FÜR 2 PORTIONEN

GNOCCHITEIG

100 g	geriebener Mozzarella
25 g	Butter
100 g	Mandelmehl
50 g	Schlagsahne
½ TL	Johannisbrotkernmehl
1	Ei

AUSSERDEM

15 g	Butter
30 g	Parmesan
20 g	Bärlauch
	Saft von ½ Limette
20 g	Walnüsse
30 g	Olivenöl
50 g	Kirschtomaten

NÄHRWERTE pro Portion

775	kcal
63 g	Fett
5 g	Kohlenhydrate,
5 g	davon verwertbare Kohlenhydrate
39 g	Protein

FÜR DIE GNOCCHI

1 Mozzarella und Butter in einem kleinen Topf zum Schmelzen bringen.

2 In einer Rührschüssel geschmolzenen Mozzarella und Butter gründlich durchkneten.

3 Mandelmehl, Schlagsahne, Johannisbrotkernmehl und Ei zugeben und verkneten.

4 Den Teig zu dünnen Strängen rollen, diese in daumendicke Stücke schneiden und zu kleinen Kugeln formen.

5 Die Kugeln mit einer Gabel eindrücken und so Gnocchi formen.

6 Die Gnocchi in einer großen Pfanne mit Butter von beiden Seiten je 2 Minuten goldbraun braten.

FÜR DAS PESTO

1 Parmesan reiben. Stiele des Bärlauchs entfernen. Limette entsaften.

2 In einem hohen Gefäß Bärlauchblätter, geriebenen Parmesan, Walnüsse, Limettensaft und Olivenöl mithilfe eines Pürierstabs zu einem Pesto verarbeiten.

TIPP

Falls das Pesto zu fest ist, 1 EL Wasser zugeben.

3 Kirschtomaten halbieren und mit Bärlauch-Pesto und Gnocchi vermischen.

TIPP

Als Alternative zu Bärlauch eignen sich frischer Babyspinat und je nach Geschmack Knoblauch.

Lachs-Spinat-Auflauf

mit Mozzarella und Parmesan

20 Min. + 20 Min. Backzeit

FÜR 3 PORTIONEN

SPINATSOSSE

½	Zwiebel
400 g	Babyspinat
40 g	Butter
200 g	Schlagsahne
1 TL	Salz
	Pfeffer
½ TL	Zitronensaft
½ TL	Johannisbrot-kernmehl

AUSSERDEM

1	Zucchini
250 g	Lachsfilet
125 g	Mozzarella
100 g	Parmesan

NÄHRWERTE pro Portion

778	kcal
65 g	Fett
7 g	Kohlenhydrate,
7 g	davon verwertbare Kohlenhydrate
40 g	Protein

FÜR DIE SPINATSOSSE

1 Zwiebel abziehen und fein würfeln. Strunk der Babyspinatblätter abzupfen.

2 In einer großen Pfanne Butter erhitzen und Zwiebelwürfel darin 2 – 3 Minuten glasig dünsten.

3 Babyspinat portionsweise zugeben und in der abgedeckten Pfanne zusammenfallen lassen.

4 Den Inhalt der Pfanne mit Schlagsahne ablöschen und mit Salz, Pfeffer und Zitronensaft würzen. Johannisbrotkernmehl darüberstreuen und die Soße gut verrühren.

5 Pfanne vom Herd nehmen und bis zur Weiterverarbeitung etwas eindicken lassen.

FÜR DEN AUFLAUF

1 Zucchini mit einem Sparschäler in feine Scheiben schneiden und einrollen. Alternativ in 1 cm große Würfel schneiden.

2 Lachsfilets und Mozzarella in mundgerechte Stücke schneiden. Parmesan fein reiben.

3 In einer etwa 20 × 15 cm großen Auflaufform Zucchiniröllchen, gegarten Spinat, Lachsstückchen und Mozzarellawürfel verteilen.

4 Die Sahnesoße gleichmäßig über den Auflauf verteilen und geriebenen Parmesan darüber streuen.

5 Den Lachs-Spinat-Auflauf bei 175 °C Umluft für 20 Minuten im Backofen backen, bis der Parmesan hellbraun ist.

Aromatische Fetasoße
auf Zucchininudeln

20 Min. + 35 Min. Backzeit

FÜR 2 PORTIONEN

SOSSE

½	rote Zwiebel
1	Knoblauchzehe
2	Stängel Basilikum
100 g	Feta
125 g	Tomaten
20 g	Olivenöl
1 TL	gemahlene edelsüße Paprika
½ EL	getrocknete italienische Kräuter
	Salz und Pfeffer

AUSSERDEM

| 500 g | Zucchini |
| 20 g | Olivenöl |

FÜR DIE SOSSE

1 Zwiebel und Knoblauch abziehen, in grobe Würfel schneiden und in einer etwa 15 × 15 cm große Auflaufform verteilen.

2 Basilikumblätter abzupfen und in Streifen schneiden.

3 Feta, Tomaten und Basilkumstreifen ebenfalls in die Auflaufform geben und alles mit Olivenöl beträufeln.

4 Den Inhalt der Form mit Paprika, italienischen Kräutern, Salz und Pfeffer würzen und für 35 Minuten bei 175 °C Umluft in den Backofen stellen.

5 Anschließend die Fetasoße mithilfe eines Pürierstabes zu einer cremigen Soße vollenden.

FÜR DIE PASTA

1 Zucchini mit einem Spiralschneider zu Nudeln schneiden.

2 In einer großen Pfanne Olivenöl erhitzen und die Zucchininudeln darin ca. 3 Minuten bissfest braten.

NÄHRWERTE pro Portion

384	kcal
29 g	Fett
8 g	Kohlenhydrate,
8 g	davon verwertbare Kohlenhydrate
14 g	Protein

Herzhafte Tarte

mit grünem Spargel und Parmesan

20 Min. + 30 Min. Backzeit

FÜR 4 PORTIONEN

BODEN

100 g	Mandelmehl
50 g	gemahlene Mandeln
1 TL	Flohsamenschalen
½ TL	Salz
1	Ei
60 ml	kaltes Wasser
20 g	Olivenöl

FÜLLUNG

200 g	grüner Spargel
100 g	Parmesan
200 g	Crème fraîche
3	Eier
½ TL	getrockneter Dill
	gem. Muskatnuss,
	Salz und Pfeffer
5 g	Sonnenblumenkerne

NÄHRWERTE pro Portion

549	kcal
43 g	Fett
5 g	Kohlenhydrate,
5 g	davon verwertbare
	Kohlenhydrate
31 g	Protein

FÜR DEN BODEN

1 Alle Zutaten in eine Rührschüssel geben und verkneten, bis ein homogener Teig entsteht.

2 Den Teig mit Hilfe eines Nudelholzes auf einer be(mandel-)mehlten Arbeitsfläche etwa 0,5 cm dick ausrollen.

3 Den ausgerollten Teig in eine gefettete ca. 30 cm lange Tarteform legen und einen ca. 1 cm hohen Rand formen.

4 Den Tarteboden bei 175 °C Umluft im Backofen 5 Minuten vorbacken.

FÜR DIE FÜLLUNG

1 In der Zwischenzeit Enden des Spargels abschneiden, Spargel nach Bedarf schälen und halbieren.

2 Parmesan reiben und zusammen mit Crème fraîche, Eiern, getrocknetem Dill und ½ TL Salz in eine Rührschüssel geben und verquirlen.

3 Die Füllung mit 2 Prisen Muskatnuss und Pfeffer würzen und auf dem vorgebackenen Boden verteilen.

4 Spargelstangen auf die Füllung legen, mit Sonnenblumenkernen bestreuen und für weitere 30 Minuten goldbraun backen.

5 Auf die noch heiße Spargeltarte etwas Parmesan reiben.

TIPP

Außerhalb der Spargelsaison eignet sich auch Porree als Tartefüllung.

Spaghetti Bolognese
mit Rinderhackfleisch

30 Minuten

FÜR 3 PORTIONEN

SOSSE

je 1	rote Zwiebel und Knoblauchzehe
75 g	Knollensellerie
30 g	Butter
30 g	Olivenöl
400 g	Rinderhackfleisch
400 g	passierte Tomaten
2 EL	getr. italienische Kräuter
	Salz und Pfeffer
1 TL	gemahlene edelsüße Paprika
1 Prise	gemahlene scharfe Paprika

AUSSERDEM

| 500 g | weißer Rettich |

NÄHRWERTE pro Portion

677	kcal
59 g	Fett
10 g	Kohlenhydrate,
10 g	davon verwertbare Kohlenhydrate
23 g	Protein

FÜR DIE SOSSE

1 Zwiebel und Knoblauch abziehen und in kleine Würfel schneiden. Knollensellerie schälen und in 1 cm große Würfel schneiden.

2 Butter und Olivenöl in einem großen Topf erhitzen, Zwiebel- und Selleriewürfel, Knoblauch und Hackfleisch zugeben und Letzteres etwa 10 Minuten braun und krümelig braten.

3 Den Inhalt der Pfanne mit den passierten Tomaten ablöschen und 5 Minuten köcheln lassen.

4 Die Bolognesesoße mit italienischen Kräutern, 1 TL Salz, 1 Prise Pfeffer und gemahlener Paprika und würzen.

FÜR DIE PASTA

1 Rettich schälen und mit einem Spiralschneider zu Nudeln schneiden.

2 Reichlich Wasser in einem großen Topf zum Kochen bringen, salzen und Rettichnudeln darin 15 Minuten garen.

TIPP

Weitere Pasta-Alternativen sind Nudeln aus der Konjakwurzel (siehe Foto) oder selbstgemachte Zoodles (Seite 134).

Mediterraner Feta

mit gebackenem Gemüse

15 Min. + 35 Min. Backzeit

FÜR 3 PORTIONEN

½	gelbe Paprika
⅓	Stange Porree
1	Zucchini
½	Aubergine
½	Fenchelknolle
10	Kirschtomaten
300 g	Feta
2	Zweige Rosmarin
100 g	Olivenöl
1 EL	italienische Kräuter
1 TL	gemahlene edelsüße Paprika
½ TL	gemahlene scharfe Paprika
1 Msp.	gemahlener Knoblauch
	Salz und Pfeffer

NÄHRWERTE pro Portion

525	kcal
43 g	Fett
6 g	Kohlenhydrate,
6 g	davon verwertbare Kohlenhydrate
20 g	Protein

1 Paprika halbieren, Kerngehäuse entfernen, Paprikahälfte in ca. 1, 5 cm große Stücke schneiden und in einer etwa 15 × 20 cm großen Auflaufform verteilen.

2 Porree längs aufschneiden, gründlich auswaschen, in Ringe schneiden und zur Paprika geben.

3 Zucchini, Aubergine und Fenchelknolle ebenfalls in ca. 1,5 cm große Stücke schneiden und zusammen mit den Kirschtomaten in der Auflaufform verteilen.

4 Feta und Rosmarinzweige auf dem Gemüse platzieren.

5 In einer kleinen Schüssel aus Olivenöl, italienischen Kräutern, gemahlener Paprika, Knoblauchpulver, Salz und Pfeffer eine Marinade anrühren und diese über den Inhalt der Auflaufform gießen.

6 Den mediterranen Feta mit buntem Gemüse für 35 Minuten bei 175 °C Umluft im Backofen backen.

Auberginen-Lasagne

mit Hackfleisch

25 Min. + 35 Min. Backzeit

FÜR 3 PORTIONEN

SOSSE

½	Bund Suppengrün (Knollensellerie, Karotte und Petersilie)
1	Knoblauchzehe
1 EL	Butter
1 EL	Olivenöl
400 g	Rinderhackfleisch
250 g	passierte Tomaten
½	Bund Basilikum
1 TL	italienische Kräuter

AUSSERDEM

2	kleine Auberginen
50 g	Parmesan
100 g	geriebener Mozzarella
	Salz und Pfeffer

NÄHRWERTE pro Portion

732	kcal
62 g	Fett
8 g	Kohlenhydrate,
8 g	davon verwertbare Kohlenhydrate
32 g	Protein

FÜR DIE SOSSE

1 Knollensellerie und Karotte schälen und in 1 cm große Würfel schneiden. Knoblauch abziehen und klein schneiden.

2 Butter und Olivenöl in einem großen Topf erhitzen und Sellerie- und Karottenwürfel sowie Knoblauch darin 2 – 3 Minuten anbraten.

3 Hackfleisch zugeben und etwa 10 Minuten braun und krümelig braten.

4 Anschließend den Inhalt des Topfes mit passierten Tomaten ablöschen und 5 Minuten köcheln lassen.

5 Basilikumblätter abzupfen und zusammen mit der Petersilie fein hacken.

6 Tomatensoße mit gehacktem Kräutern, italienischen Kräutern, Salz und Pfeffer abschmecken.

FÜR DIE LASAGNE

1 Auberginen längs in ca. 0,5 cm dicke Scheiben schneiden.

2 Den Boden einer 15 × 20 cm großen Auflaufform mit einer Schicht Auberginenscheiben belegen.

3 Eine Kelle Tomatensoße über die Auberginen geben und weiter schichten, dabei mit Tomatensoße abschließen.

4 Parmesan reiben und mit dem geriebenen Mozzarella über den Auflauf streuen.

5 Auberginen-Lasagne für 35 Minuten bei 175 °C Umluft backen, bis der Käse schön braun ist.

Zwei-Zutaten-Wraps

Flink gemacht aus der Pfanne

15 Minuten

FÜR 2 PORTIONEN

WRAP

160 g	geriebener Mozzarella
4	Eier
	Salz

SALAT NACH BELIEBEN

Avocado

Salatblätter

Kirschtomaten

Gurke

Gegarte Garnelen

FÜR DEN WRAP

1 Die Hälfte des geriebenen Mozzarella in einer großen Pfanne verteilen und bei mittlerer Stufe ca. 3 Minuten braten, bis die Ränder anfängen zu bräunen.

2 2 Eier mit Salz verquirlen und über den Käse gießen.

3 Deckel aufsetzen und den Wrap für weitere 2 – 3 Minuten braten.

4 Mit den restlichen Zutaten einen weiteren Wrap zubereiten.

FÜR DEN WRAP

1 Avocado halbieren, Kern entfernen, Fruchtfleisch herauslösen und in dünne Scheiben schneiden.

2 Kirschtomaten halbieren und Gurke in 1 cm große Würfel schneiden.

3 Nach Geschmack die noch heißen Wraps mit den Salatzutaten und Garnelen befüllen.

NÄHRWERTE pro Wrap (pur)

373	kcal
29 g	Fett
1 g	Kohlenhydrate,
1 g	davon verwertbare Kohlenhydrate
25 g	Protein

Sauce Hollandaise

mit zarten Spargelstangen

20 Minuten

FÜR 2 PORTIONEN

SAUCE

150 g	Butter
2	Eigelbe
1 TL	Senf
30 g	Zitronensaft
	Salz und Pfeffer

AUSSERDEM

1	Stängel Petersilie

SPARGEL

400 g	weißer Spargel
1 TL	Salz
1 TL	Zitronensaft

NÄHRWERTE pro Portion

694	kcal
70 g	Fett
6 g	Kohlenhydrate,
6 g	davon verwertbare
	Kohlenhydrate
8 g	Protein

FÜR DIE SAUCE

1 Butter in einem kleinen Topf oder in der Mikrowelle zum Schmelzen bringen.

2 Eigelbe, Senf und Zitronensaft in eine Metallschüssel geben und mit einem Pürierstab schaumig schlagen.

3 Nun die Metallschüssel in ein heißes Wasserbad geben und Masse weiter pürieren, bis sie eine cremige Konsistenz hat.

4 Metallschüssel aus dem Wasserbad nehmen, geschmolzene Butter tröpfchenweise zugeben und Sauce dabei immer weiter pürieren.

5 Die Sauce mit Salz und Pfeffer abschmecken. Blätter der Petersilie abzupfen, hacken und die selbstgemachte Sauce Hollandaise damit bestreuen.

FÜR DEN SPARGEL

1 Die Spargelstangen schälen, aber die Spitzen belassen.

2 Wasser in einem breiten Topf zum Kochen bringen und Salz und Zitronensaft zugeben.

3 Hitze reduzieren und den Spargel darin auf kleiner Stufe abgedeckt 10 Minuten garen. Die Spargelstangen sollten ausreichend Platz im Topf haben und mit Wasser bedeckt sein.

Taco-Bowl

mit knusprigem Rinderhackfleich und Gouda

20 Minuten

FÜR 4 PORTIONEN

HACKFLEISCH

1	rote Chili
20 g	Olivenöl
500 g	Rinderhackfleisch
1 EL	Tomatenmark
2 EL	Wasser
1 TL	Salz

SALAT

½	Eisbergsalat
½	Gurke
10	Kirschtomaten
¼	rote Zwiebel
1	Avocado
1	Stängel Koriander
1	Frühlingszwiebel
50 g	Gouda
25 g	Schmand
	Pfeffer

► ► ►

FÜR DAS HACKFLEISCH

1 Chili längs halbieren, entkernen und sehr fein schneiden.

2 In einer großen Pfanne Olivenöl erhitzen und Chilistückchen mit Hackfleisch unter gelegentlichen Rühren für 10 – 15 Minuten knusprig braten, bis es dunkelbraun ist.

3 Tomatenmark, 2 EL Wasser und Salz zugeben und mit dem Hackfleisch verrühren.

FÜR DEN SALAT

1 Eisbergsalat in mundgerechte Stücke schneiden und auf Schüsseln oder tiefe Teller verteilen.

2 Gurke in 1 cm große Stücke schneiden und auf dem Salat anhäufen.

3 Kirschtomaten halbieren. Rote Zwiebel abziehen und fein würfeln. Tomatenhälften und Zwiebelwürfel miteinander vermengen und ebenfalls anrichten.

4 Avocado halbieren, Kern entfernen und Fruchtfleisch herauslösen und in dünne Scheiben schneiden.

5 Blätter vom Koriander abzupfen und klein schneiden. Frühlingszwiebel schräg in dünne Ringe schneiden.

TIPP

Wer keinen Koriander mag, kann die Taco-Bowl mit frischer Minze toppen.

6 Gouda grob reiben. Schmand glattrühren und mit Salz und Pfeffer abschmecken.

DRESSING

	Saft von 1 Limette
20 g	Kokosöl
20 g	Olivenöl
10 g	Erythrit-Stevia-Mix
½ TL	gemahlene Chili
½ TL	gemahlener Kumin
1 TL	Salz

7 Alle restlichen vorbereiteten Salatzutaten sowie das gebratene Hackfleisch in der Bowl anrichten.

FÜR DAS DRESSING

1 Saft der Limette auspressen und in eine kleine Schüssel geben.

2 Kokosöl bei Bedarf schmelzen und mit den restlichen Dressingzutaten glatt rühren.

3 Das Dressing über die Taco Bowl geben und nach Belieben mit Frühlingszwiebelringen und Limettenscheiben garnieren.

 SO WIRD ES PALEO-TAUGLICH

Als Topping können Schmand und Gouda zum Beispiel durch gekochte Eier ersetzt werden.

NÄHRWERTE pro Portion

692	kcal
61 g	Fett
9 g	Kohlenhydrate,
6 g	davon verwertbare Kohlenhydrate
23 g	Protein

Frittata mit Oliven,

Kirschtomaten und Champignons

10 Min. + 15 Min. Garzeit

FÜR 2 PORTIONEN

75 g	Parmesan
4	Eier
50 g	Schlagsahne
1 EL	italienische Kräuter
	Salz und Pfeffer
10 g	Kokosöl

AUSSERDEM

½	rote Paprika
50 g	Kirschtomaten
75 g	Champignons
50 g	grüne Oliven

1 Parmesan reiben und zusammen mit Eiern, Schlagsahne und italienischen Kräutern in einem hohen Rührgefäß verquirlen. Mit Salz und Pfeffer würzen.

2 Eine mittelgroße Pfanne mit Kokosöl einreiben und Eiermasse hineingeben.

3 Paprika halbieren, Kerngehäuse entfernen und Paprikahälfte in schmale Stücke schneiden.

4 Kirschtomaten halbieren.

5 Champignons vierteln und mit dem vorbereitetem Gemüse und den Oliven in der Pfanne verteilen.

6 Die Frittata bei mittlerer Hitze abgedeckt etwa 15 – 20 Minuten braten, bis sich der Rand ablöst und das Ei komplett gestockt ist.

NÄHRWERTE pro Portion

477	kcal
35 g	Fett
5 g	Kohlenhydrate,
5 g	davon verwertbare Kohlenhydrate
28 g	Protein

Hähnchen-Nuggets

in einer Parmesan-Mandel-Panade

20 Minuten

FÜR 2 PORTIONEN

400 g   Hähnchenbrustfilets

PANADE

50 g	Parmesan
100 g	Mandelmehl
1 TL	Salz
½ TL	gem. Knoblauch
1 TL	gem. edelsüßer Paprika
½ TL	gem. Muskatnuss
1 Prise	gerebelter Oregano
1 Prise	Cayennepfeffer
2 EL	Schlagsahne
2	Eier

AUSSERDEM

2 EL   Kokosöl

1 Hähnchenbrustfilets in mundgerechte Stücke schneiden.

2 Für die Panade zwei tiefe Teller vorbereiten. Parmesan fein reiben und in den ersten Teller geben. Mandelmehl, Salz, Gewürze und Pfeffer dazugeben und miteinander vermischen.

3 In den zweiten Teller Schlagsahne und Eier miteinander verquirlen.

4 Hähnchenstücke erst durch das Eigemisch ziehen und dann in der Panade wälzen.

5 In einer großen Pfanne Kokosöl erhitzen und darin panierte Hähnchenstücke von allen Seiten 3 – 4 Minuten bei mittlerer Hitze braten.

TIPP

Als Dip passt selbstgemachter Ketchup von Seite 174 dazu.

NÄHRWERTE pro Portion

673	kcal
34 g	Fett
3 g	Kohlenhydrate,
3 g	davon verwertbare Kohlenhydrate
85 g	Protein

Baba Ghanoush

Orientalischer Dip aus gebackener Aubergine

10 Min. + 60 Min. Backzeit

FÜR 4 PORTIONEN

2	Auberginen
2	Knoblauchzehen
	Saft von 1 Zitrone
2 EL	Tahin
1 EL	Olivenöl
2	Prisen gemahlener Kumin
	Salz und Pfeffer

AUSSERDEM

½ EL	Olivenöl
1	Stängel Petersilie

1 Auberginen längs halbieren. Mit einer Gabel mehrmals in die Haut einstechen und Auberginenhälften mit der Schnittfläche nach unten auf ein mit Backpapier belegtes Backblech geben.

2 Die Aubergine für 45 Minuten bei 175 °C Umluft backen, bis die Haut schön weich ist.

3 Knoblauch abziehen und zusammen mit der gebackenen Aubergine sowie den restlichen Zutaten in ein hohes Rührgefäß geben.

4 Mithilfe eines Pürierstabes alle Zutaten zu einem cremigen Dip pürieren.

5 Auberginendip mit Olivenöl und frischer Petersilie servieren.

TIPP

Zum Dippen eignen sich Gemüsesticks aus Zucchini, Gurken oder Karotten.

NÄHRWERTE pro Portion

134	kcal
11 g	Fett
3 g	Kohlenhydrate,
3 g	davon verwertbare Kohlenhydrate
4 g	Protein

Bunte Gemüsechips

mit cremiger Guacamole

45 Min. + 2½ Std. Backzeit

FÜR 2 PORTIONEN

GEMÜSECHIPS

1	Zucchini
1	Aubergine
2	Knollen rote Beete
2 EL	Salz
20 g	Olivenöl
1 TL	gemahlene edelsüße Paprika
1 EL	getrocknete Gartenkräuter

GUACAMOLE

1	Avocado
1	Knoblauchzehe
1	Spritzer Zitronensaft
	Salz und Pfeffer

NÄHRWERTE pro Portion

263	kcal
18 g	Fett
19 g	Kohlenhydrate,
19 g	davon verwertbare Kohlenhydrate
7 g	Protein

FÜR DIE CHIPS

1 Zucchini und Aubergine in 2 mm dünne Scheiben schneiden und in eine große Schüssel geben.

2 Rote Beete ebenfalls in hauchdünne Scheiben schneiden und in eine separate Schüssel geben, da die rote Farbe abfärbt.

3 Die Gemüsescheiben mit Salz bestreuen und 30 Minuten ziehen lassen.

4 Anschließend durch ein Sieb abtropfen lassen, kurz abspülen und mit Küchenpapier trockentupfen.

5 Die Gemüsescheiben zurück in die Schüsseln geben und mit Olivenöl beträufeln und gemahlener Paprika und Gartenkräutern vermischen.

6 Die Scheiben einzeln auf drei mit Backpapier belegte Bleche legen und im Backofen bei 100 °C Umluft für etwa 2 – 2½ Stunden knusprig backen.
In der Backzeit immer wieder den Backofen öffnen, damit die Feuchtigkeit entweichen kann.

FÜR DIE GUACAMOLE

1 Avocado halbieren, Kern entfernen, Fruchtfleisch herauslösen und in ein hohes Rührgefäß geben.

2 Knoblauch abziehen, grob schneiden und zur Avocado geben.

3 Alles miteinander pürieren, bis die Guacamole cremig ist und mit Zitronensaft, Salz und Pfeffer abschmecken.

Hummus

aus Avocado und Macadamianüssen

10 Minuten

FÜR 4 PORTIONEN

1	Zucchini
½	Avocado
30 g	Macadamianüsse
½	Knoblauchzehe
	Saft von ½ Zitrone
2 EL	Tahin
2 EL	Olivenöl
1 EL	Kokosöl
½ TL	Salz
1 Prise	gemahlener Kumin

1 Enden der Zucchini abschneiden und Zucchini grob würfeln.

2 Avocado halbieren, Kern entfernen, Fruchtfleisch herauslösen und in ein hohes Rührgefäß geben.

3 Knoblauch abziehen und zusammen mit den Zucchinistücken sowie den restlichen Zutaten zur Avocado geben.

4 Mithilfe eines Pürierstabs alle Zutaten zu einem cremigen Hummus pürieren.

TIPP

Am besten schmeckt der Hummus mit Gemüse, zum Beispiel zum Dippen roher Gemüsesticks oder als Dip zu buntem Ofengemüse.

NÄHRWERTE pro Portion

285	kcal
28 g	Fett
3 g	Kohlenhydrate,
3 g	davon verwertbare Kohlenhydrate
6 g	Protein

Knusprige Käsecracker
mit feuriger Tomatensalsa

20 Min. + 15 Min. Backzeit

FÜR 2 PORTIONEN

KÄSECRACKER

25 g	Parmesan
75 g	geriebener Mozzarella
50 g	Mandelmehl
40 g	Frischkäse
1 EL	getrocknete Kräuter
	Salz und Pfeffer

TOMATENSALSA

½	Zwiebel
100 g	Kirschtomaten
10 g	Olivenöl
10 g	Tomatenmark
½ TL	Chiliflocken
	Salz und Pfeffer

NÄHRWERTE pro Portion

370	kcal
25 g	Fett
6 g	Kohlenhydrate,
6 g	davon verwertbare Kohlenhydrate
22 g	Protein

FÜR DIE KÄSECRACKER

1 Parmesan fein reiben und mit den restlichen Zutaten für die Käsecracker in einer Schüssel verrühren.

2 Den Teig für 30 Sekunden in der Mikrowelle erhitzen, damit er geschmeidiger wird. Dann noch einmal gut durchkneten.

3 Nun den Teig hauchdünn ausrollen und nach Gefallen ausstechen.

4 Die Käsecracker auf einem mit Backpapier belegtem Blech verteilen und für 15 Minuten bei 175 °C Umluft goldbraun backen.

NÄHRWERTE pro Stück (bei 20 Stück insgesamt)
27 kcal – 2 g Fett – 0,2 g Kohlenhydrate,
davon 0 g verwertbare Kohlenhydrate – 2 g Protein

FÜR DIE TOMATENSALSA

1 Zwiebel abziehen und fein würfeln. Kirschtomaten ebenfalls in etwa 1 cm große Würfel schneiden.

2 In einem kleinen Topf Olivenöl erhitzen und Zwiebelwürfel darin 1 – 2 Minuten glasig anbraten.

3 Tomatenmark hinzugeben, Hitze reduzieren und nach 1 Minute etwa ¾ der Tomatenwürfel hinzugeben.

4 Deckel aufsetzen und für ca. 10 Minuten bei geringer Hitze köcheln lassen.

5 Tomatensalsa mit Salz und Pfeffer würzen, die restlichen Tomaten und Chiliflocken unterrühren und Salsa abkühlen lassen.

Hamburger Bowl

Eine Bowl mit allem, was ein Burger braucht.

30 Minuten

FÜR 2 PORTIONEN

200 g	Rinderhackfleisch
	Salz und Pfeffer
1 EL	Kokosöl

SALAT

	Lollo Rosso
2	Gewürzgurken
½	rote Zwiebel
100 g	Kirschtomaten
½	Gurke

AUSSERDEM

2 EL	selbstgemachte Mayonnaise (Seite 178)
2 EL	selbstgemachter Ketchup (Seite 174)
1 EL	Olivenöl

NÄHRWERTE pro Portion

573	kcal
50 g	Fett
6 g	Kohlenhydrate,
5 g	davon verwertbare Kohlenhydrate
17 g	Protein

FÜR DIE HACKFLEISCH-PATTIES

1 Rinderhackfleisch mit Salz und Pfeffer würzen und zu flachen Frikadellen formen.

2 Hackfleischpatties von beiden Seiten ca. 4 Minuten grillen.

TIPP

Statt Grillen: In der Pfanne 1 EL Kokosöl erhitzen und die Patties darin je Seite 5 Minuten bei mittlerer Hitze braten.

FÜR DEN SALAT

1 Salat in mundgerechte Stücke zupfen. Gewürzgurken schräg in dünne Scheiben schneiden. Rote Zwiebel abziehen, halbieren und in feine Streifen schneiden. Gurke längs halbieren und in dünne Halbmonde schneiden.

2 Mayonnaise und Ketchup zubereiten.

3 Salat auf Schüsseln verteilen, darüber das vorbereitete Gemüse geben und die Patties darauf legen.

4 Hamburger Bowl mit Olivenöl, Salz und Pfeffer abschmecken und nach Belieben mit Mayonnaise und Ketchup verfeinern.

Bunte Grillspieße
und marinierte gegrillte Aubergine

30 Min. + 30 Min. Ruhezeit

FÜR 2 PORTIONEN

FÜR 6 SPIESSE

300 g	Putenbrust
½	Aubergine
½	Zucchini
1	rote Zwiebel
½	rote Paprika
1 EL	frische Kräuter (Petersilie, Dill, Schnittlauch, Rosmarin)
1 EL	Olivenöl
1 TL	gem. edelsüßer Paprika
	Salz und Pfeffer

MARINIERTE AUBERGINE

½	Aubergine
5 EL	Olivenöl
1 EL	frische Kräuter

NÄHRWERTE pro Portion

490	kcal
32 g	Fett
11 g	Kohlenhydrate,
11 g	davon verwertbare Kohlenhydrate
40 g	Protein

FÜR DIE SPIESSE

1 Putenbrust in mundgerechte Stücke schneiden und in eine große Schüssel geben.

2 Aubergine und Zucchini in etwa 2 cm große Würfel schneiden.

3 Zwiebel abziehen und achteln. Paprika halbieren, vom Kerngehäuse befreien und eine Hälfte in grobe Stücke schneiden.

4 Kleingeschnittenes Gemüse ebenfalls in die Schüssel geben.

5 Blätter der Kräuter vom Stiel zupfen und fein hacken. Schnittlauch in feine Röllchen schneiden. 1 EL der Kräuter für die marinierten Auberginen beiseitelegen.

6 Frische Kräuter, Olivenöl, gemahlenen Paprika, Salz und Pfeffer verrühren und mit dem Inhalt der Schüssel vermengen.

7 Nacheinander Putenstücke und Gemüse auf Spieße stecken und rundum grillen.

FÜR DIE MARINIERTE AUBERGINE

1 Aubergine längs in ca. 0,5 cm dicke Scheiben schneiden und locker in eine große Schüssel geben.

2 Aus Olivenöl, gehackten Kräutern, Salz und Pfeffer ein Dressing verrühren und Auberginenscheiben damit marinieren.

3 Die Marinade für 30 Minuten ziehen lassen und anschließend Auberginenscheiben von beiden Seiten grillen, bis sie weich sind.

Falscher Kartoffelsalat
mit Speck und Mayonnaise

20 Min. + 30 Min. Ruhezeit

FÜR 2 PORTIONEN

250 g	Knollensellerie
2	Frühlingszwiebeln
1	Rolle Schnittlauch
1	Stängel Petersilie
100 g	Speckwürfel
30 g	selbstgemachte Mayonnaise (Seite 178)
	Salz und Pfeffer

1 Knollensellerie schälen, in 0,5 cm dicke Scheiben schneiden und diese nochmals je nach Größe in der Breite halbieren oder dritteln.

2 Wasser in einem kleinen Topf zum Kochen bringen, salzen und die Selleriestücke darin abgedeckt etwa 10 Minuten bei mittlerer Hitze weich garen.

3 Den gegarten Sellerie abgießen und abkühlen lassen.

4 In der Zwischenzeit die Frühlingszwiebeln schräg in dünne Ringe schneiden. Schnittlauch ebenfalls in Röllchen schneiden. Blätter der Petersilie abzupfen und fein hacken.

5 In einer großen Schüssel Sellerie-stücke, Speckwürfel, Mayonnaise und frische Kräuter miteinander vermengen.

6 Den Selleriesalat mit Salz und Pfeffer abschmecken und bis zum Servieren im Kühlschrank ziehen lassen.

NÄHRWERTE pro Portion

289	kcal
24 g	Fett
5 g	Kohlenhydrate,
5 g	davon verwertbare Kohlenhydrate
12 g	Protein

Kräuterbutter

Das Fett-Tüpfelchen auf dem Steak

10 Min. + 15 Min. Ruhezeit

FÜR 4 PORTIONEN

100 g Butter

1 EL frische Kräuter
(Basilikum, Estragon,
Thymian und Schnittlauch)

Salz und Pfeffer

1 Die Butter vor Verwendung aus dem Kühlschrank stellen, sodass sie sich auf Zimmertemperatur erwärmen kann.

2 Blätter der Kräuter abzupfen und hacken. Schnittlauch in feine Röllchen schneiden.

3 Kräuter mit der weichen Butter vermengen und nach Geschmack mit Salz und Pfeffer vermengen.

4 Die Kräuterbutter nach Belieben in Eiswürfelförmchen geben oder zu einer Rolle formen.

TIPP

In gehackten Kräutern gewälzt sieht die Butter noch schöner aus.

5 Die Butter im Kühlschrank oder Gefrierfach fest werden lassen und vor dem Servieren aus der Form holen oder in Scheiben schneiden.

NÄHRWERTE pro Portion

187	kcal
21 g	Fett
0 g	Kohlenhydrate,
0 g	davon verwertbare Kohlenhydrate
0 g	Protein

Tomatenketchup
und BBQ-Soße selbstgemacht

30 Minuten

FÜR 250 G KETCHUP

1	rote Zwiebel
1	Knoblauchzehe
350 g	Tomaten
10 g	Kokosöl
15 g	Erythrit
	Saft von ½ Zitrone
	1 Prise Zimt
	Salz und Pfeffer

BBQ-SOSSE

100 g	Ketchup
2 TL	Senf
1 EL	Apfelessig
1 EL	Sojasoße
2 EL	Gewürze (edelsüßer Paprika, Chili, Oregano)

NÄHRWERTE pro 100 g Ketchup

82	kcal
2 g	Fett
6 g	Kohlenhydrate,
3 g	davon verwertbare Kohlenhydrate
1 g	Protein

FÜR DEN KETCHUP

1 Zwiebeln und Knoblauch abziehen und fein würfeln.

2 Tomaten halbieren, Strunk entfernen und klein schneiden.

3 In einem großen Topf Kokosöl erhitzen und Zwiebel- und Knoblauchwürfel darin 2 – 3 Minuten glasig dünsten.

4 Erythrit über den Inhalt des Topfes streuen und kurz mitköcheln lassen.

5 Die Zitrone auspressen und den Saft zusammen mit den Tomatenstücken, Zimt, Salz und Pfeffer für 15 Minuten köcheln lassen.

6 Anschließend das Ganze pürieren und je nach Vorliebe durch ein Sieb streichen.

7 Den Ketchup in ein verschließbares Glas füllen und im Kühlschrank aufbewahren.

FÜR DIE BBQ-SOSSE

1 Den selbstgemachten Ketchup mit Senf, Apfelessig und Sojasoße verrühren.

2 Die BBQ-Soße mit Gewürzen wie edelsüßem Paprika, Chili und gerebeltem Oregano abschmecken.

ALLES PALEO ODER WAS?

Der Tomatenketchup ist paleo, jedoch wird die BBQ-Soße mit Sojasoße zubereitet. Eine paleo-geeignete Alternative zu Sojasoße ist Fischsoße oder Coco Aminos.

Portobello-Burger
mit Hackfleisch und knackigem Gemüse

30 Minuten

FÜR 2 STÜCK

200 g	Rinderhackfleisch
4	Portobello-Pilze/ Riesenchampignons
	Salz und Pfeffer
1 EL	Kokosöl

FÜLLUNG NACH BELIEBEN

1	Tomate
¼	Gurke
½	rote Zwiebel
4 EL	Guacamole (Seite 158)
	Salatblätter
	Rucola

NÄHRWERTE pro Stück

530	kcal
46 g	Fett
6 g	Kohlenhydrate,
6 g	davon verwertbare Kohlenhydrate
20 g	Protein

FÜR DIE HACKFLEISCH-PATTIES

1 Rinderhackfleisch mit Salz und Pfeffer würzen und zu flachen Frikadellen formen.

2 Hackfleischpatties auf den Rost des heißen Grills legen und von beiden Seiten ca. 4 Minuten braten.

TIPP

Für das Braten in der Pfanne 1 EL Kokosöl erhitzen und Patties darin je Seite 5 Minuten bei mittlerer Hitze braten.

FÜR DIE PILZE

1 Stiel der Pilze entfernen und die Oberfläche mit Kokosöl bestreichen.

2 Portobello-Pilze kopfüber auf den Grill legen und ca. 10 Minuten grillen, dabei einmal wenden.

BURGER BAUEN

1 Während die Patties und die Pilze auf dem Grill garen, die Füllung vorbereiten.

2 Tomate in dünne Scheiben schneiden. Gurke ebenso schneiden. Rote Zwiebel abziehen, halbieren und in feine Streifen schneiden.

3 Salatblätter in mundgerechte Stücke zupfen. Guacamole zubereiten.

4 Jeweils einen Portobello-Pilz als untere Hälfte des Burgers verwenden, mit Guacamole bestreichen, mit Salat, Tomaten- und Gurkenscheiben, Hackpatties und Zwiebelstreifen belegen. Mit den restlichen Pilzen zuklappen.

Selbstgemachte Mayonnaise

mit Kokos- und Olivenöl

15 Min. + 30 Min. Ruhezeit

FÜR EIN 250 ML GLAS

100 g	Kokosöl
2	Eigelbe
1 TL	Senf
30 g	Zitronensaft
50 g	Olivenöl
	Salz und Pfeffer

1 Kokosöl in einem kleinen Topf oder in der Mikrowelle zum Schmelzen bringen und abkühlen lassen.

2 Eigelbe, Senf und Zitronensaft in ein hohes Rührgefäß geben und mit einem Pürierstab schaumig schlagen.

3 Nun Kokosöl und Olivenöl nacheinander tröpfchenweise zugeben und die Masse dabei immer weiter pürieren.

4 Die selbstgemachte Mayonnaise mit Salz und Pfeffer abschmecken und im Kühlschrank kalt werden lassen.

TIPP

Eine leckere Alternative zu dem etwas bitteren Geschmack von Olivenöl ist Avocadoöl.

NÄHRWERTE pro EL (15 g)

102	kcal
11 g	Fett
0 g	Kohlenhydrate,
0 g	davon verwertbare Kohlenhydrate
1 g	Protein

Erdbeerlimonade

fruchtig-spritzig mit Zitrone

FÜR 2 GLÄSER

80 g	Erdbeeren
	Saft von 1 Zitrone
40 g	Puder-Erythrit
450 g	kaltes Wasser

AUSSERDEM

Eiswürfel

1 Erdbeeren vom Stiel befreien und halbieren.

2 Erdbeerhälften mit den restlichen Zutaten (außer den Eiswürfeln) in einen Standmixer geben und mixen, bis die Erdbeeren komplett püriert sind.

3 Nach Belieben Eiswürfel in Gläser füllen und mit Erdbeerlimonade auffüllen.

NÄHRWERTE pro Glas
22 kcal – 0 g Fett – 24 g Kohlenhydrate,
davon 4 g verwertbare Kohlenhydrate – 0 g Protein

Zitronenlimonade

sauer macht lustig und erfrischt

FÜR 2 GLÄSER

	Saft von 1 Zitrone
	Saft von 1 Limette
40 g	Puder-Erythrit
500 ml	Mineralwasser
1	Stängel Minze

1 Zitrone und Limette auspressen und mit Puder-Erythrit und Mineralwasser in eine Karaffe geben.

2 Blätter der Minze abzupfen und ebenfalls zur Limonade geben.

3 Die Zitronenlimonade vorsichtig umrühren und genießen.

NÄHRWERTE pro Glas
17 kcal – 0 g Fett – 22 g Kohlenhydrate,
davon 2,4 g verwertbare Kohlenhydrate – 0 g Protein

Flinkes Erdbeereis

aus gefrorenen Früchten

10 Minuten

FÜR 2 PORTIONEN

300 g	gefrorene Erdbeeren
200 g	Kokosmilch
50 g	Puder-Erythrit
¼ TL	Johannisbrot-kernmehl
1 Prise	gemahlene Vanille

AUSSERDEM

Frische Erdbeeren

1 Alle Zutaten in einen Standmixer geben und zu einem cremigen Eis pürieren.

2 Wenn sich noch ganze Erdbeeren oder Stückchen in der Masse befinden, noch einmal gut umrühren und erneut pürieren.

3 Das Erdbeereis in Schalen füllen, nach Geschmack mit frischen Erdbeeren dekorieren und sofort genießen.

NÄHRWERTE pro Portion

156	kcal
13 g	Fett
23 g	Kohlenhydrate,
6 g	davon verwertbare Kohlenhydrate
2 g	Protein

Mango–Joghurt–Eis
am Stiel

10 Min. + 5 Std. Gefrierzeit

FÜR 4 STÜCK

250 g	griechischer Sahnejoghurt
40 g	Puder-Erythrit
100 g	Mango

1 Sahnejoghurt mit gesiebtem Puder-Erythrit in einer Schüssel cremig rühren.

2 Mango vom Kern und der Schale befreien und Fruchtfleisch klein schneiden.

3 Das Mangofruchtfleisch in ein hohes Rührgefäß geben und pürieren, bis keine Stückchen mehr vorhanden sind.

4 Das Mangopüree unter den Joghurt heben und in Eisförmchen füllen. Holzstäbchen mittig in die Masse drücken.

5 Das Mango-Joghurt-Eis für 5 Stunden komplett durchfrieren lassen, bevor man es aus der Form holt.

 KETO-TAUGLICH GENIESSEN

Um ein ketogenes Früchteeis genießen zu können, eignen sich kohlenhydratärmere Himbeeren mit 5 g Kohlenhydraten im Vergleich zu Mango mit 12 g Kohlenhydraten pro 100 g.

Die Nährwerte pro Stück mit Himbeeren sind: 85 kcal – 6 g Fett – 14 g Kohlenhydrate, davon 4 g verwertbare Kohlenhydrate – 2 g Eiweiß.

NÄHRWERTE pro Stück

93	kcal
6 g	Fett
16 g	Kohlenhydrate,
6 g	davon verwertbare Kohlenhydrate
2 g	Protein

Klassisches Vanilleeis

mit einem fruchtigen Swirl aus Himbeeren

10 Min. + 3 Std. Gefrierzeit

FÜR 4 PORTIONEN

300 g	Schlagsahne
1	Eigelb
½	Vanilleschote
30 g	Puder-Erythrit
½ TL	Johannisbrot-kernmehl

AUSSERDEM

50 g	Himbeeren

1 Von der Schlagsahne 2 EL abnehmen, den Rest in eine Rührschüssel geben und steif schlagen.

2 Ein Ei trennen und das Eigelb mit der abgenommenen Sahne in eine kleine Schüssel geben.

3 Vanilleschote halbieren, das Mark auskratzen und mit Puder-Erythrit und Johannisbrotkernmehl zum Eigelb geben. Den Inhalt der Schüssel glatt rühren.

4 Die steife Sahne nun esslöffelweise unter die Eimasse heben, bis alles vermischt ist.

5 Das Vanilleeis für mindestens 1 Stunde ins Gefrierfach stellen.

6 Himbeeren durch ein Sieb streichen, über das angefrorene Eis verteilen und leicht miteinander verrühren.

7 Das Vanilleeis für mindestens 2 weitere Stunden ins Gefrierfach stellen.

TIPP

Das Vanilleeis wird zartschmelzend, wenn man es vor dem Genuss ca. 30 Minuten im Kühlschrank antauen lässt.

NÄHRWERTE pro Portion

264	kcal
26 g	Fett
11 g	Kohlenhydrate,
3 g	davon verwertbare Kohlenhydrate
3 g	Protein

Cremiges Mandeleis

mit selbstgemachtem Walnusskrokant

15 Min. + 3 Std. Gefrierzeit

FÜR 4 PORTIONEN

EIS

400 g	Schlagsahne
3	Eigelbe
60 g	weißes Mandelmus
40 g	Puder-Erythrit
½ TL	Johannisbrot-kernmehl
1 Prise	gemahlene Vanille

KROKANT

50 g	Walnüsse
50 g	Erythrit

NÄHRWERTE pro Portion

469	kcal
46 g	Fett
14 g	Kohlenhydrate,
4 g	davon verwertbare Kohlenhydrate
9 g	Protein

FÜR DAS EIS

1 Von der Schlagsahne 2 EL abnehmen, den Rest in eine Rührschüssel geben und steif schlagen.

2 Eigelbe vom Eiweiß trennen und Eigelbe in einer großen Schüssel mit der abgenommenen Sahne, Mandelmus, Puder-Erythrit, Johannisbrotkernmehl und gemahlener Vanille verrühren.

3 Die steife Sahne nun esslöffelweise unter die Ei-Mandel-Masse heben, bis alles vermischt ist.

4 Das Mandeleis für etwa 1 Stunde einfrieren.

FÜR DAS KROKANT

1 Walnüsse mit Erythrit in eine kleine Pfanne geben und rösten, bis sich das Erythrit komplett aufgelöst hat.

2 Herd ausschalten und Walnüsse unter gelegentlichem Rühren karamellisieren lassen. Anschließend auf ein Backpapier geben und komplett auskühlen lassen.

3 Das Krokant grob hacken und unter das angefrorene Eis heben. Das Mandeleis für mindestens 2 weitere Stunden ins Gefrierfach stellen.

TIPP

Vor dem Genuss sollte das Eis im Kühlschrank für ca. 30 Minuten antauen, damit es schön cremig ist.

Mousse au Chocolat

aus Edelbitter-Schokolade

15 Min. + 24 Std. Ruhezeit

FÜR 4 PORTIONEN

150 g	Schlagsahne
90 g	zuckerfreie Edelbitter-Schokolade

AUSSERDEM

Frische Beeren

1 50 g Schlagsahne in einen kleinen Topf geben und vorsichtig erhitzen.

2 Edelbitter-Schokolade grob hacken und in die heiße Sahne einrühren, bis die Schokolade geschmolzen ist.

3 Topf vom Herd nehmen und kurz abkühlen lassen.

4 Restliche Schlagsahne steif schlagen und vorsichtig unter die Schokoladenganache heben.

5 Die Mousse in Gläser füllen und im Kühlschrank am besten über Nacht fest werden lassen.

6 Mit Hilfe eines Esslöffels Nocken herausstechen und mit frischen Beeren dekorieren.

 BEI LOW CARB: RAN AN DIE FRÜCHTE

Als Garnierung eignen sich auch etwas kohlenhydratreichere Früchte wie Pfirsiche mit 9 g Kohlenhydraten pro 100 g im Vergleich zu Himbeeren mit 5 g/100 g.

NÄHRWERTE pro Portion

204	kcal
20 g	Fett
9 g	Kohlenhydrate,
2 g	davon verwertbare Kohlenhydrate
3 g	Protein

Schokotrüffel
mit Edelbitter-Schokolade

20 Min. + 15 Min. Ruhezeit

FÜR CA. 12 STÜCK

120 g	zuckerfreie Edelbitter-Schokolade
60 g	Schlagsahne
10 g	Butter

ZUM WÄLZEN

10 g	Backkakao

1 Edelbitter-Schokolade grob hacken.

2 Schlagsahne und Butter in einen kleinen Topf geben und erwärmen.

3 Die gehackte Schokolade unterrühren, bis sie vollständig geschmolzen ist.

4 Die Schokomasse im Kühlschrank etwa 15 Minuten abkühlen lassen, bis sie formbar ist.

5 Anschließend mit einem Teelöffel gleich große Mengen der Masse abstechen und zwischen den Händen zu Kugeln formen, anschließend in dem Backkakao wälzen.

TIPP

Im Kühlschrank sind die Schokotrüffel ca. 2 Wochen haltbar. Sie schmecken kalt wunderbar und werden bei Raumtemperatur schön cremig.

NÄHRWERTE pro Stück

67	kcal
6 g	Fett
4 g	Kohlenhydrate,
1 g	davon verwertbare Kohlenhydrate
1 g	Protein

Orientalischer Grießpudding

mit gemahlenem Kardamom

15 Min. + 2 Std. Ruhezeit

FÜR 2 PORTIONEN

200 g	Mandelmilch
50 g	gemahlene Mandeln
100 g	Schlagsahne
25 g	Puder-Erythrit
½ TL	gemahlener Kardamom

OPTIONAL

Pistazien und Granatapfelkerne

1 Mandelmilch in einem großen Topf unter Rühren zum Kochen bringen.

2 In der Zwischenzeit gemahlene Mandeln, Schlagsahne, Puder-Erythrit und Kardamom in einer kleinen Schüssel verrühren.

3 Die Hitze reduzieren, die Mandelmischung einrühren und alles ca. 5 Minuten köcheln lassen, bis die Masse eindickt.

4 Den Grießpudding in Schüsseln füllen und für 2 Stunden im Kühlschrank fest werden lassen.

5 Je nach Vorliebe mit Pistazien und Granatapfelkernen garnieren.

NÄHRWERTE pro Portion

331	kcal
32 g	Fett
17 g	Kohlenhydrate,
4 g	davon verwertbare Kohlenhydrate
7 g	Protein

Panna Cotta

mit fruchtigem Himbeerspiegel

15 Min. + 60 Min. Ruhezeit

FÜR 3 PORTIONEN

3	Blätter Gelatine
300 g	Kokosmilch
30 g	Kokosraspel
30 g	Erythrit
40 g	Kokosöl
1 Prise	gemahlene Vanille

AUSSERDEM

10	frische Himbeeren

1 Gelatineblätter für ca. 5 Minuten in kaltem Wasser einweichen.

2 In einem kleinen Topf Kokosmilch, Kokosraspel, Erythrit, Kokosöl und die gemahlene Vanille verrühren und kurz aufkochen lassen.

3 Die Gelatineblätter aus dem Wasser nehmen, ausdrücken und in den Topf geben.

4 Die Flüssigkeit solange rühren, bis sich die Gelatine vollständig aufgelöst hat.

5 Die heiße Panna Cotta in Schalen oder Gläser füllen und im Kühlschrank mindestens 1 Stunde kaltstellen.

6 Die Panna Cotta kann nun auf einen Teller gestürzt werden.

7 Himbeeren durch ein Sieb streichen und über der Panna Cotta verteilen.

NÄHRWERTE pro Portion

376	kcal
39 g	Fett
14 g	Kohlenhydrate,
4 g	davon verwertbare Kohlenhydrate
4 g	Protein

Sahnepudding

Die Klassiker Schoko, Vanille und Erdbeer

15 Min. + 10 Min. Kühlzeit

FÜR JEWEILS 1 PORTION

VANILLE

1½	Blätter Gelatine
½	Vanilleschote
100 g	Schlagsahne
25 g	Wasser
20 g	Puder-Erythrit
1 Prise	gem. Kurkuma

SCHOKO

1½	Blätter Gelatine
100 g	Schlagsahne
25 g	Wasser
20 g	Puder-Erythrit
5 g	Backkakao

ERDBEER

1½	Blätter Gelatine
100 g	Schlagsahne
25 g	Wasser
20 g	Puder-Erythrit
25 g	Erdbeeren

FÜR DEN VANILLEPUDDING

1 Gelatineblätter für ca. 5 Minuten in kaltes Wasser einweichen.

2 Vanilleschote halbieren und das Mark auskratzen. Mit Schlagsahne, Wasser, Puder-Erythrit und Kurkuma in ein hohes Rührgefäß geben und verrühren, bis sich das Puder-Eryhthrit vollständig aufgelöst hat.

3 Die weiche Gelatine mit den Händen auspressen und vorsichtig in einem kleinen Topf oder der Mikrowelle für ca. 20 Sekunden schmelzen lassen.

4 Die flüssige Gelatine unter ständigem Rühren unter die Schlagsahne geben.

5 Den Vanillepudding in Gläser füllen und für ca. 10 Minuten kalt stellen, bis er fest ist.

NÄHRWERTE pro Portion
321 kcal – 33 g Fett – 23 g Kohlenhydrate,
davon 3 g verwertbare Kohlenhydrate – 4 g Protein

FÜR DEN SCHOKOPUDDING

Statt Vanille und Kurkama Backkakao zugeben.

NÄHRWERTE pro Portion
338 kcal – 33 g Fett – 24 g Kohlenhydrate,
davon 4 g verwertbare Kohlenhydrate – 5 g Protein

FÜR DEN ERDBEERPUDDING

Statt Backkakao oder Kurkuma: die Erdbeeren entstielen, pürieren und zur Schlagsahne geben.

NÄHRWERTE pro Portion
329 kcal – 33 g Fett – 25 g Kohlenhydrate,
davon 5 g verwertbare Kohlenhydrate – 4 g Protein

Tiramisu

mit selbstgemachtem Biskuitboden

45 Min. + 3 Std. Ruhezeit

FÜR 6 PORTIONEN

BISKUITBODEN

4	Eier
85 g	Erythrit
60 g	Mandelmehl
65 g	gemahlene Mandeln
15 g	Goldleinmehl
7 g	Backpulver
175 g	Schlagsahne

CREME

4	Eier (4 Eigelbe, 2 Eiweiße)
80 g	Puder-Erythrit
400 g	Mascarpone

AUSSERDEM

100 ml	kalter Espresso
10 g	Backkakao

NÄHRWERTE pro Portion

581	kcal
51 g	Fett
33 g	Kohlenhydrate,
5 g	davon verwertbare Kohlenhydrate
21 g	Protein

FÜR DEN BISKUITBODEN

1 Eier mit Erythrit in eine Rührschüssel geben und ca. 5 Minuten schaumig schlagen.

2 In einer zweiten Schüssel die restlichen trockenen Zutaten miteinander vermischen.

3 Anschließend erst Schlagsahne und dann die trockenen Zutaten unter die Eimasse heben, bis ein fluffiger Teig entsteht.

4 Den Biskuitboden auf ein mit Backpapier ausgelegtes Backblech verteilen, glatt-streichen und bei 175 °C Umluft etwa 12 – 15 Minuten goldbraun backen.

5 Anschließend den Biskuitboden komplett auskühlen lassen und passend zur Form zuschneiden, sodass zwei Schichten entstehen.

FÜR DIE CREME

1 Eier trennen. Eigelbe mit Puder-Erythrit schaumig schlagen.

2 Mascarpone unterrühren.

3 Eiweiße in einer weiteren Schüssel steif schlagen und unter die Masse heben.

SCHICHTEN

1 Eine Biskuitschicht in die Form legen und mit der Hälfte des Espressos beträufeln.

2 Die Hälfte der Mascarponecreme darauf verteilen und mit einer weiteren Schicht Biskuitboden, Espresso und Creme fortfahren.

3 Das Tiramisu für 3 Stunden kalt stellen und vor dem Servieren mit dem Kakao bestreuen.

Marmorierter Gugelhupf

mit Edelbitter-Schokolade

25 Min. + 60 Min. Backzeit

FÜR 16 STÜCK

TEIG

½	Vanilleschote
230 g	Erythrit
200 g	weiche Butter
6	Eier
400 g	gemahlene Mandeln
1 TL	Backpulver
10 g	Backkakao

SCHOKOGUSS

| 50 g | zuckerfreie Edelbitter-Schokolade |

1 Vanilleschote halbieren und das Mark auskratzen. Mit Erythrit und der weichen Butter in einer Rührschüssel verrühren.

2 Eier trennen und Eiweiß steif schlagen. Eigelbe zur Buttermischung geben.

3 Gemahlene Mandeln und Backpulver vermischen und unter die Buttermasse rühren.

4 Die Hälfte der Masse abnehmen und den Kakao unterrühren.

5 Das geschlagene Eiweiß aufteilen und jeweils unter die Massen heben.

6 Die Hälfte des Schokoteiges in eine 22 cm große, gefettete Gugelhupfform geben. Den hellen Teig darauf verteilen und mit dem restlichen Schokoteig abschließen.

7 Zum Schluss einen Teelöffel kreisförmig durch den Teig ziehen, um einen Marmoreffekt zu erzielen, und den Gugelhupf bei 160 °C Umluft für 60 Minuten backen.

8 Den marmorierten Gugelhupf vollständig abkühlen lassen, aus der Form stürzen und mit geschmolzener Edelbitter-Schokolade beträufeln.

NÄHRWERTE pro Stück

298	kcal
28 g	Fett
18 g	Kohlenhydrate,
3 g	davon verwertbare Kohlenhydrate
8 g	Protein

Russischer Zupfkuchen

mit Quarkfüllung und Schokozupfen

60 Min. + 30 Min. Ruhezeit

FÜR 12 STÜCK

BODEN

½	Vanilleschote
180 g	Mandelmehl
30 g	gemahlene Mandeln
40 g	Backkakao
2 TL	Backpulver
100 g	Erythrit
1	Ei
150 g	weiche Butter

FÜLLUNG

500 g	Quark (40 % Fett)
225 g	Frischkäse
110 g	Erythrit
2	Eier
1½ TL	Johannisbrotkernmehl
	Abrieb ½ Zitrone

NÄHRWERTE pro Stück

303	kcal
24 g	Fett
21 g	Kohlenhydrate,
3 g	davon verwertbare Kohlenhydrate
15 g	Protein

FÜR DEN BODEN

1 Vanilleschote halbieren und das Mark auskratzen. Mit allen restlichen Zutaten für den Teig in eine Rührschüssel geben.

2 Alles zu einem glatten Teig verkneten und ca. ¼ der Masse für die Zupfen beiseitelegen.

3 Den Teig auf einer be(mandel-)mehlten Arbeitsfläche ausrollen, in eine 24 cm große, gefettete Springform geben und einen ca. 2 cm hohen Rand formen.

4 Den Boden mit einer Gabel einstechen und für 30 Minuten kaltstellen.

TIPP

Das Kaltstellen vom Mürbeteig ist wichtig. Er kann jedoch schon in der Form sein.

FÜR DIE FÜLLUNG

1 Alle Zutaten zu einer cremigen homogenen Masse verrühren, auf dem Boden verteilen und glatt streichen.

2 Den beiseite gelegten Teig in kleine Stücke zupfen und diese auf die Füllung legen.

3 Den Zupfkuchen für 40 – 45 Minuten bei 175 °C Umluft backen.

4 Die letzten 10 Minuten auf 200 °C erhöhen, um den Kuchen leicht zu bräunen.

TIPP

Der Kuchen sollte etwas gebräunt sein und nicht mehr wackeln. Falls er noch etwas instabil ist, für weitere 10 – 15 Minuten backen.

Cremiger Käsekuchen

mit einem Mürbeteig aus Mandelmehl

15 Min. + 45 Min. Backzeit

FÜR 12 STÜCK

BODEN

½	Vanilleschote
40 g	weiche Butter
20 g	Goldleinmehl
170 g	Mandelmehl
100 g	Erythrit
2	Eier

FÜLLUNG

	Abrieb ½ Zitrone
500 g	Quark (40 % Fett)
225 g	Frischkäse
110 g	Erythrit
2	Eier
1½ TL	Johannisbrotkern-mehl

NÄHRWERTE pro Stück

225	kcal
16 g	Fett
20 g	Kohlenhydrate,
3 g	davon verwertbare Kohlenhydrate
15 g	Protein

FÜR DEN BODEN

1 Vanilleschote halbieren und das Mark auskratzen. Mit allen restlichen Zutaten für den Teig in eine Rührschüssel geben.

2 Den Teig mit Hilfe eines Nudelholzes auf einer be(mandel-)mehlten Arbeitsfläche etwa 0,5 cm dick ausrollen.

3 Den ausgerollten Teig in eine gefettete 24 cm große Springform legen und einen ca. 2 cm hohen Rand formen.

FÜR DIE FÜLLUNG

1 Die Zitronenschale abreiben und mit den restlichen Zutaten zu einer cremigen homogenen Masse verrühren.

2 Quarkmasse auf den Boden verteilen und glatt streichen.

3 Den Käsekuchen für 40 – 45 Minuten bei 175 °C Umluft backen.

4 Die letzten 10 Minuten auf 200 °C erhöhen, um den Kuchen leicht zu bräunen. Sollte er noch etwas instabil sein, für weitere 10 Minuten backen.

TIPP

Nach dem Backen: Den Kuchen erst aus der Form lösen, wenn er vollständig abgekühlt ist.

Kleiner Schokokuchen

mit flüssigem Kern

10 Min. + 9 Min. Backzeit

FÜR 2 KLEINE KUCHEN

35 g	zuckerfreie Edelbitter-Schokolade
50 g	Butter
20 g	Puder-Erythrit
1	Ei

AUSSERDEM

Butter zum Einfetten

Puder-Erythrit zum Bestäuben

Frische Beeren

1 Schokolade grob hacken, zusammen mit der Butter in einen kleinen Topf geben und schmelzen lassen.

2 Anschließend Topf vom Herd nehmen.

3 Puder-Erythrit sieben und unter die geschmolzene Schokolade rühren.

4 Zum Schluss das Ei unter die Schokomasse rühren, bis die Masse leicht andickt.

5 Feuerfeste runde Auflaufförmchen mit Butter einfetten und mit der Schokomasse befüllen.

6 Den Schokokuchen im Backofen für 7 – 9 Minuten bei 175 °C Umluft backen.

7 Die noch warmen kleinen Schokokuchen aus der Form stürzen, mit Puder-Erythrit bestäuben und mit frischen Beeren genießen.

NÄHRWERTE pro Kuchen (pur)

303	kcal
30 g	Fett
16 g	Kohlenhydrate,
1 g	davon verwertbare Kohlenhydrate
5 g	Protein

Leichte Zitronen-Tarte

mit karamellisierten Baisertupfen

45 Min. + 30 Min. Ruhezeit

FÜR 12 STÜCK

BODEN

120 g	Mandelmehl
1	Ei
50 g	Erythrit
75 g	weiche Butter

ZITRONEN-FÜLLUNG

	Abrieb und Saft von 1 Zitrone
150 g	Quark (40 % Fett)
100 g	Joghurt (3,5 % Fett)
40 g	Erythrit
4	Blätter Gelatine

FÜR DEN TARTEBODEN

1 Alle Zutaten in eine Rührschüssel geben und verkneten, bis ein homogener Teig entsteht.

2 Den Teig mit Hilfe eines Nudelholzes auf einer be(mandel-)mehlten Arbeitsfläche etwa 0,5 cm dick ausrollen.

3 Den Teig dann in eine gefettete 18 cm große Springform legen, einen ca. 3 cm hohen Rand formen und den Boden mehrmals mit der Gabel einstechen.

4 Den Tarteboden bei 180°C Ober-/ Unterhitze 10 – 12 Minuten vorbacken.

5 Nach dem Backen komplett auskühlen lassen.

FÜR DIE ZITRONEN-QUARK-FÜLLUNG

1 Die Schale der Zitrone abreiben und den Zitronensaft auspressen.

2 Quark, Joghurt, Zitronensaft, Zitronenabrieb und Erythrit vermengen und glattrühren.

3 Gelatineblätter für ca. 5 Minuten in kaltes Wasser einweichen.

4 Die weiche Gelatine mit den Händen auspressen und vorsichtig in einem kleinen Topf oder der Mikrowelle für ca. 20 Sekunden schmelzen lassen.

5 Die flüssige Gelatine unter ständigem Rühren unter die Quarkmasse heben.

6 Die Zitronen-Quark-Füllung auf dem fertig gebackenen und ausgekühlten Tarteboden verteilen.

BAISER-SCHICHT

3	Eiweiß
1 Prise	Salz
50 g	Puder-Erythrit

7 Die Zitronenschicht im Kühlschrank fest werden lassen.

FÜR DIE BAISER-SCHICHT:

1 Eiweiß vom Eigelb trennen und die Eiweiße in einer Rührschüssel mit Salz sehr steif schlagen.

2 Nach und nach das Puder-Erythrit hinzugeben und die Masse dabei weiter schlagen.

3 Das Baiser auf der Zitronenschicht verteilen und glatt streichen.

TIPP

Die Baisermasse kann auch als Tupfen oder in Wellen mithilfe einer Tülle aufgespritzt werden.

4 Die Tarte im Backofen mit der Grillfunktion für ca. 5 Minuten karamellisieren, bis die Oberfläche leicht gebräunt ist.

5 Die fertige Tarte etwa 30 Minuten im Kühlschrank kaltstellen, bis die Zitronenschicht fest wird.

NÄHRWERTE pro Stück

120	kcal
9 g	Fett
13 g	Kohlenhydrate,
1 g	davon verwertbare Kohlenhydrate
7 g	Protein

Chocolate Chip Cookies

the American way of Keks

10 Min. + 15 Min. Backzeit

FÜR 4 STÜCK

60 g	zuckerfeie Edelbitter-Schokolade
100 g	gemahlene Mandeln
50 g	Erythrit
60 g	weiche Butter
4 g	Johannisbrot-kernmehl
1 Prise	Salz

1 Edelbitter-Schokolade grob hacken.

2 In einer Rührschüssel gemahlene Mandeln, Erythrit, weiche Butter, Johannisbrotkern-mehl und Salz mit den Händen kurz verkneten.

3 Gehackte Schokolade zum Teig geben und verkneten.

4 Den Teig in 4 Portionen teilen. Diese zu Kugeln formen und plattdrücken, sodass jeweils ein etwa 1 cm dicker Cookie entsteht.

5 Die Cookies auf ein mit Backpapier belegtes Blech legen und bei 175 °C Umluft für 12 – 15 Minuten backen, bis die Ränder leicht gebräunt sind, auch wenn das Innere noch etwas weich ist.

6 Die Chocolate Chip Cookies auf dem Backblech komplett abkühlen lassen, da sie erst dann fest werden.

LOW CARB COOKIES MIT NÜSSEN

Für die Füllung eignen sich auch Vollmilch-schokolade, verschiedenste Nüsse wie Walnüsse, Macamadianüsse oder getrocknete Cranberrys.

Wenn man z. B. die Hälfte der Edelbitter-Schokolade durch Walnüsse ersetzt, erhält man einen Cookie mit 352 kcal – 34 g Fett – 18 g Kohlenhydrate, davon 4 g verwertbare Kohlenhydrate und 7 g Eiweiß.

NÄHRWERTE pro Stück

334	kcal
32 g	Fett
20 g	Kohlenhydrate,
3 g	davon verwertbare Kohlenhydrate
6 g	Protein

Klassische Nussecken

mit einem saftigen Hasenuss-Mandel-Belag

30 Min. + 30 Min. Backzeit

FÜR 18 STÜCK

BODEN

2	Eier
20 g	Erythrit
100 g	Mandelmehl
50 g	gemahlene Mandeln
80 g	Butter
1 TL	Backpulver
1 Prise	Salz
3 EL	zuckerfeier Aprikosenaufstrich

NUSSBELAG

100 g	Butter
40 g	Erythrit
1	Ei
100 g	gemahlene Haselnüsse
50 g	gehackte Mandeln

AUSSERDEM

50 g	zuckerfreie Edelbitter-Schokolade
15 g	Kokosöl

FÜR DEN BODEN

1 Alle Zutaten – bis auf den Fruchtaufstrich – in eine Rührschüssel geben und zu einem glatten Teig verkneten.

2 Den Boden etwa 1 cm dick und 15 × 15 cm groß ausrollen und auf ein mit Backpapier belegtes Blech legen.

3 Anschließend mit dem zuckerfreien Aprikosenfruchtaufstrich bestreichen.

FÜR DEN NUSSBELAG

1 Butter in einem kleinen Topf schmelzen lassen und zusammen mit Erythrit, Ei, gehackten und gemahlenen Nüssen in einer großen Schüssel vermengen.

2 Die Nussmasse auf den Boden geben und gleichmäßig verstreichen.

3 Die Nussecken im Backofen für 25 – 30 Minuten bei 175 °C Umluft goldbraun backen.

4 Die Ränder mit einem scharfen Messer gerade abschneiden und den Rest in ca. 18 Ecken zerteilen.

FÜR DEN SCHOKOLADENÜBERZUG

1 Schokolade vorsichtig schmelzen lassen und Kokosöl gründlich unterrühren.

2 Die Nussecken an den zwei spitzen Ecken mit flüssiger Schokolade dekorieren.

NÄHRWERTE pro Stück

197 kcal – 18 g Fett – 6 g Kohlenhydrate, davon 2 g verwertbare Kohlenhydrate – 6 g Protein

Gefüllte Mürbeteigkekse

mit einer Schoko-Haselnuss-Creme

45 Min. + 12 Min. Backzeit

FÜR 15 STÜCK

TEIG

1	Eiweiß
225 g	gemahlene Mandeln
75 g	Mandelmehl
40 g	Erythrit
125 g	weiche Butter
1 Prise	Salz
1 TL	Backpulver

SCHOKO-NUSS-CREME

120 g	zuckerfreie Edelbitter-Schokolade
100 g	Haselnussmus

NÄHRWERTE pro Stück

262	kcal
24 g	Fett
8 g	Kohlenhydrate,
2 g	davon verwertbare Kohlenhydrate
7 g	Protein

FÜR DEN TEIG

1 Eiweiß vom Eigelb trennen und zusammen mit den restlichen Zutaten in eine Rührschüssel geben.

2 Die Zutaten für den Teig mithilfe eines Rührgerätes zu einem glatten Teig verkneten.

3 Den Teig mit Hilfe eines Nudelholzes auf einer be(mandel-)mehlten Arbeitsfläche etwa 0,5 cm dick ausrollen.

4 Aus dem Teig 30 runde Plätzchen ausstechen. Auf ein mit Backpapier belegtes Blech verteilen und bei 175 °C Umluft für 10 – 12 Minuten goldbraun backen.

5 Die Kekse anschließend komplett abkühlen lassen.

FÜR DIE SCHOKO-HASELNUSS-CREME

1 Die Edelbitter-Schokolade grob hacken und in einem kleinen Topf bei geringer Hitze schmelzen.

2 Das Haselnussmus unter die geschmolzene Schokolade rühren und soweit abkühlen lassen, bis die Creme streichfähig ist.

3 Nun jeweils die Rückseite eines Kekses mit der Schoko-Nuss-Creme bestreichen und mit einem weiteren Kekse bedecken.

4 Mit den restlichen 14 Doppelkeksen ebenso verfahren und diese anschließend kalt stellen.

Zarter Kräuterlachs

mit knusprig gerösteten Bohnen

15 Min. + 25 Min. Backzeit

FÜR 2 PORTIONEN

BOHNEN

300 g	grüne Bohnen
200 g	Kirschtomaten
40 g	gehobelte Mandeln
40 g	Butter
3	Knoblauchzehen
1	Zitrone
10 g	Erythrit
5	Stängel Dill
	Salz und Pfeffer

KRÄUTERLACHS

250 g	Lachsfilet
je 1	Stängel Salbei, Dill, Petersilie, Basilikum
15 g	Butter
15 g	Olivenöl

NÄHRWERTE pro Portion

787	kcal
61 g	Fett
17 g	Kohlenhydrate,
12 g	davon verwertbare Kohlenhydrate
32 g	Protein

FÜR DIE GERÖSTETEN BOHNEN

1 Die Enden der grünen Bohnen abschneiden und die Bohnen auf ein Backblech legen.

2 Kirschtomaten und gehobelte Mandeln gleichmäßig darüber verteilen.

3 Butter in einem kleinen Topf oder der Mikrowelle schmelzen lassen. In der Zwischenzeit Knoblauch abziehen und fein hacken.

4 Schale der Zitrone abreiben und mit dem gehackten Knoblauch und Erythrit zur geschmolzenen Butter geben.

5 Dill fein hacken und zur Marinade geben. Mit 1 TL Salz und Pfeffer würzen. Gut verrühren.

6 Bohnen und Kirschtomaten mit der Marinade begießen und bei 175 °C Umluft für 25 Minuten knusprig backen. Platz für den Lachs auf dem Blech lassen.

FÜR DEN KRÄUTERLACHS

1 Lachsfilets in eine Auflaufform geben. Blätter der Kräuter abzupfen und hacken.

2 Von der Zitrone 2 Scheiben abschneiden und den Saft der restlichen Zitrone auspressen.

3 Butter schmelzen und in einer kleinen Schüssel mit Olivenöl, Zitronensaft und gehackten Kräutern verrühren. Mit Salz und Pfeffer würzen und über die Lachsfilets verteilen.

4 Zitronenscheiben auf den Lachs legen. Die letzten 10 Minuten der Bohnenbackzeit den Kräuterlachs mit in den Backofen geben und garen.

Eierlikör

Zu Ostern, Weihnachten oder einfach so!

20 Min. + 24 Std. Ruhezeit

FÜR EINE 500 ML FLASCHE

½	Vanilleschote
3	Eigelb
35 g	Erythrit
200 g	ungesüßte Mandelmilch
200 g	Schlagsahne
50 g	weißer Rum oder Doppelkorn

1 Vanilleschote halbieren und das Mark auskratzen. In einen großen Topf mit Eigelb und Erythrit geben und mit einem Schneebesen schaumig schlagen, bis die Masse hellorange ist.

2 Mandelmilch und Schlagsahne dazugeben und alles miteinander verrühren.

3 Die Ei-Sahne-Mischung bei niedriger Hitze für 8 – 10 Minuten vorsichtig erwärmen, bis sie fast siedet, dabei gelegentlich umrühren.

TIPP

Vorsicht beim Erhitzen der Ei-Sahne-Mischung: Das Ei fängt an zu stocken, wenn es zu heiß wird.

4 Zum Schluss den weißen Rum unterrühren und den fertigen Eierlikör in eine verschließbare Flasche füllen.

5 Den Eierlikör im Kühlschrank, am besten über Nacht, abkühlen lassen.

TIPP

Im kalten Zustand wird der Eierlikör dickflüssiger. Vor dem Servieren die Flasche schütteln.

NÄHRWERTE pro 100 g

183	kcal
16 g	Fett
8 g	Kohlenhydrate,
1 g	davon verwertbare Kohlenhydrate
3 g	Protein

Süße Osternester

aus einem Hefezopf mit Schokostückchen

60 Min. + 30 Min. Ruhezeit

FÜR 6 STÜCK

275 g	Mandelmilch
1 Päck.	Trockenhefe
1 TL	Zucker
150 g	Erythrit
45 g	gemahlene Mandeln
10 g	Goldleinmehl
50 g	Flohsamen-schalenpulver
1 Prise	Salz
30 g	Apfelessig
5	Eier

AUSSERDEM

35 g	zuckerfreie Schokolade
1 EL	Mandelmehl zum Bestreuen

NÄHRWERTE pro Stück

170	kcal
12 g	Fett
29 g	Kohlenhydrate,
3 g	davon verwertbare Kohlenhydrate
10 g	Protein

1 Mandelmilch handwarm erwärmen. Trockenhefe und Zucker unterrühren.

2 Die Hefemilch an einem warmen Ort abgedeckt etwa 15 Minuten gehen lassen.

3 In der Zwischenzeit die restlichen trockenen Zutaten in einer großen Rührschüssel miteinander vermengen.

4 Nach der Gehzeit Hefemilch, Apfelessig und Eier zur Trockenmischung geben und alles zu einem geschmeidigen Teig verkneten.

5 Den Teig erneut abgedeckt 15 Minuten gehen lassen.

6 Schokolade hacken und unter den Teig heben.

7 Anschließend den Teig in 6 Teile aufteilen und auf einer be(mandel-)mehlten Arbeitsfläche jeweils zu einem ca. 40 cm langen Strang ausrollen.

8 Jeden Strang zu einem Kreis legen und die Enden so um den Kreis wickeln, dass ein Kranz entsteht.

9 Die entstandenen Nester auf ein mit Backpapier belegtes Blech legen und im Backofen bei 175 °C Umluft für 30 – 40 Minuten goldbraun backen.

 KOHLENHYDRATREICHERE FÜLLUNG

Für die Füllung eignen sich auch Rosinen oder getrocknete Cranberrys, die mit 86 g Kohlenhydraten pro 100 g jedoch sehr reichhaltig sind.

Zimtige Karottentorte
mit Frischkäse-Frosting

25 Min. + 40 Min. Backzeit

FÜR 12 STÜCK

TEIG

225 g	Karotten
5	Eier
125 g	Erythrit
150 g	gemahlene Mandeln
½ TL	Zimt
1 Prise	gemahlene Vanille

FROSTING

250 g	weiche Butter
200 g	Frischkäse
80 g	Puder-Erythrit

DEKORATION

1 EL	gestiftelte Mandeln

NÄHRWERTE pro Stück

328	kcal
32 g	Fett
20 g	Kohlenhydrate,
3 g	davon verwertbare Kohlenhydrate
7 g	Protein

FÜR DEN KUCHEN

1 Karotten schälen und fein reiben.

2 In einer Rührschüssel Eier und Erythrit schaumig rühren.

3 Gemahlene Mandeln, Zimt, Vanille und die geriebenen Karotten kurz unterrühren, bis ein glatter Teig entsteht.

4 Den Teig in eine gefettete runde, 24 cm große Backform geben und für 35 – 40 Minuten bei 175 °C Umluft backen, bis er goldbraun ist.

5 Den Karottenkuchen auskühlen lassen.

FÜR DAS FROSTING

1 Weiche Butter, Frischkäse und Puder-Erythrit in eine Rührschüssel geben und kurz zu einer Creme schlagen.

TIPP

Die Zutaten für das Frosting sollten Zimmertemperatur haben. So wird die Creme homogener.

2 Das Frischkäse-Frosting gleichmäßig auf den Karottenkuchen verteilen.

3 Die Karottentorte mit gestiftelten Mandeln und Karotten dekorieren.

OHNE FROSTING WIRD´S PALEO

Der Karottenkuchen schmeckt auch ohne Glasur und punktet dann zusätzlich bei allen Paleo-Fans.

Luftige Windbeutel
mit geschlagener Sahne

30 Min. + 25 Min. Backzeit

FÜR 5 WINDBEUTEL

BRANDTEIG

125 g	Wasser
25 g	Butter
1 Prise	Salz
25 g	Erythrit
50 g	Mandelmehl
1 TL	Johannisbrot-kernmehl
2	Eier
½ TL	Backpulver

SAHNECREME

1	Blatt Gelatine
100 g	Schlagsahne
20 g	Puder-Erythrit

NÄHRWERTE pro Stück

168	kcal
14 g	Fett
11 g	Kohlenhydrate,
1 g	davon verwertbare Kohlenhydrate
8 g	Protein

FÜR DEN BRANDTEIG

1 In einen kleinen Topf Wasser, Butter, Salz und Erythrit geben und unter Rühren zum Kochen bringen.

2 Mandelmehl mit Johannisbrotkernmehl vermischen. Topf vom Herd nehmen und die Mehle mithilfe eines Holzlöffel unterrühren, bis eine Kugel entsteht.

3 Bei mittlerer Stufe den Teig weiter erhitzen und dabei kontinuierlich rühren, bis er von allen Seiten „abgebrannt" ist.

4 Den Teig in eine Rührschüssel geben und und nacheinander Eier unterrühren, bis ein glatter Teig entsteht. Zum Schluss Backpulver unterrühren.

5 Den Teig in eine Spritztüte füllen und 5 Häufchen auf ein mit Backpapier belegtes Blech spritzen.

6 Die Windbeutel für 20 – 25 Minuten bei 175 °C Umluft goldbraun backen.

FÜR DIE SAHNECREME

1 Gelatine für ca. 5 Minuten in kaltes Wasser einweichen.

2 Schlagsahne und gesiebtes Puder-Erythrit in eine Rührschüssel geben und steif schlagen.

3 Die weiche Gelatine auspressen und vorsichtig für ca. 20 Sekunden schmelzen lassen. Die flüssige Gelatine unter ständigem Rühren unter die geschlagene Sahne geben.

4 Windbeutel halbieren, mit geschlagener Sahne füllen und Deckel aufsetzen.

Erdbeerkuchen

mit Biskuitboden und Vanillepudding

40 Minuten

FÜR 12 STÜCK

BISKUITBODEN

4	Eier
85 g	Erythrit
60 g	Mandelmehl
65 g	gemahlene Mandeln
15 g	Goldleinmehl
7 g	Backpulver
175 g	Schlagsahne

VANILLEPUDDING

3	Blätter Gelatine
½	Vanilleschote
200 g	Schlagsahne
25 g	Puder-Erythrit

FÜR DEN BISKUITBODEN

1 Eier mit Erythrit in eine Rührschüssel geben und ca. 5 Minuten schaumig schlagen.

2 In einer zweiten Schüssel die restlichen trockenen Zutaten miteinander vermischen.

3 Anschließend erst Schlagsahne und dann die trockenen Zutaten unter die Eimasse heben, bis ein fluffiger Teig entsteht.

4 Den Biskuitboden in eine 21 cm große, gefettete Biskuitform verteilen und bei 175 °C Umluft etwa 15 Minuten goldbraun backen.

5 Anschließend den Biskuitboden komplett auskühlen lassen.

FÜR DEN VANILLEPUDDING

1 Gelatineblätter für ca. 5 Minuten in kaltes Wasser einweichen.

2 Vanilleschote halbieren, das Mark auskratzen und in eine große Schüssel mit Schlagsahne und Puder-Erythrit geben. Alles miteinander verrühren, bis sich das Puder-Erythrit vollständig aufgelöst hat.

3 Die weiche Gelatine mit den Händen auspressen und vorsichtig in einem kleinen Topf oder der Mikrowelle für ca. 20 Sekunden schmelzen lassen.

TIPP

Wenn man etwas Sahne in die heiße Gelatine einrührt, verhindert man Klümpchen und dass die Gelatine zu heiß ist.

TORTENGUSS

3   Blätter Gelatine

200 ml Wasser

20 g   Erythrit

AUSSERDEM

300 g   frische Erdbeeren

4 Die gesamte Gelatine nun zur Schlagsahne geben und alles gründlich verrühren.

5 Die Vanillecreme auf dem vorbereiteten Boden verteilen und im Kühlschrank etwa 10 Minuten anziehen lassen.

6 In der Zwischenzeit den Strunk der Erdbeeren herausschneiden und die Erdbeeren halbieren.

7 Die Erdbeerstückchen auf dem Vanillepudding platzieren.

FÜR DEN TORTENGUSS

1 Die Gelatineblätter für ca. 5 Minuten in kaltem Wasser einweichen.

2 Wasser in einen kleinen Topf geben und das Erythrit darin auflösen.

3 Die weiche Gelatine auspressen, in den Topf geben und darin auflösen.

4 Den Tortenguss etwas abkühlen lassen und über den Erdbeeren verteilen.

 DARF ES EIN STÜCK MEHR SEIN?

Pro Stück Erdbeerkuchen ergeben sich 3 g verwertbare also anzurechnende Kohlenhydrate. Daher sollte bei einer ketogenen Ernährungsweise ein Stück reichen. Für alle Low-Carber ist ein Nachschlag erlaubt.

NÄHRWERTE pro Stück

189	kcal
16 g	Fett
14 g	Kohlenhydrate,
3 g	davon verwertbare Kohlenhydrate
7 g	Protein

Quarkbällchen

aus fluffigem Hefeteig

30 Min. + 30 Min. Gehzeit

FÜR 15 STÜCK

HEFENANSATZ

¼	Pck. Trockenhefe
75 ml	lauwarmes Wasser
¼ TL	Zucker

TEIG

2	Eier
50 g	Quark (40 % Fett)
15 g	Mandelmehl
30 g	gemahlene Mandeln
25 g	Erythrit
15 g	Goldleinmehl
15 g	Flohsamenschalen

AUSSERDEM

50 g	Kokosöl
1 EL	Erythrit

NÄHRWERTE pro Stück

66	kcal
6 g	Fett
2 g	Kohlenhydrate,
0,5 g	davon verwertbare Kohlenhydrate
3 g	Protein

FÜR DEN HEFEANSATZ

1 Trockenhefe in lauwarmen Wasser auflösen und Zucker zugeben.

2 Die Hefelösung für etwa 15 Minuten ruhen lassen, bis sich ein Schaum bildet.

IN DER ZWISCHENZEIT

1 In einer großen Rührschüssel Eier und Quark verrühren.

2 Die restlichen Zutaten dazugeben und alles zu einem glatten Teig verkneten.

3 Den Hefeteig abgedeckt an einem warmen Ort für 30 Minuten gehen lassen.

4 Anschließend den Teig nochmals durchkneten und mit feuchten Händen etwa 15 walnussgroße Bällchen formen.

BÄLLCHEN AUSBACKEN

1 In einen kleinen Topf etwa 1 cm hoch Kokosöl füllen und auf 160 °C erhitzen.

2 Quarkbällchen im heißen Öl rundherum etwa 3 – 5 Minuten goldbraun ausbacken.

3 Danach in einem Sieb oder auf Küchenpapier abtropfen lassen und in Erythrit wälzen.

Schwarzwälder Kirschtorte

mit Sahnecreme

45 Min. + 35 Min. Backzeit

FÜR 10 STÜCK

BISKUITBODEN

4	Eier
75 g	Erythrit
40 g	Mandelmehl
65 g	gemahlene Mandeln
20 g	Backkakao
15 g	Goldleinmehl
7 g	Backpulver
175 g	Schlagsahne

KIRSCHSCHICHT

200 g	Sauerkirschen
15 g	Erythrit
50 ml	Wasser
3	Blätter Gelatine

► ► ►

FÜR DEN BISKUITBODEN

1 Eier mit Erythrit in eine Rührschüssel geben und ca. 3 Minuten schaumig schlagen.

2 In einer zweiten Schüssel die restlichen trockenen Zutaten miteinander vermischen.

3 Anschließend erst Schlagsahne und dann die trockenen Zutaten unter die Eimasse heben, bis ein fluffiger Teig entsteht.

4 Den Biskuitboden in eine 18 cm große, gefettete Springform geben und bei 175 °C Umluft ca. 35 Minuten backen.

5 Den Tortenboden komplett auskühlen lassen und dann in 3 Böden schneiden.

FÜR DIE KIRSCHSCHICHT

1 Sauerkirschen entsteinen, mit Erythrit und Wasser in einen kleinen Topf geben und ca. 5 Minuten bei mittlerer Stufe köcheln lassen.

2 Kirschen mit einem Pürierstab grob pürieren, sodass noch einige Kirschstückchen vorhanden sind.

3 Gelatineblätter für ca. 5 Minuten in kaltes Wasser einweichen.

4 Die weiche Gelatine mit den Händen auspressen und unter die Kirschmasse rühren.

5 Die Kirschmasse im Kühlschrank etwas anziehen lassen, bis sie dickflüssig wird.

6 Den untersten Tortenboden auf eine Tortenplatte legen, einen Tortenring herumlegen und die Kirschfüllung gleichmäßig auf den Boden verteilen.

SAHNECREME

4	Blätter Gelatine
400 g	Schlagsahne
50 g	Puder-Erythrit
1 Prise	gemahlene Vanille

AUSSERDEM

20 g	zuckerfreie Edelbitter-Schokolade
	Frische Kirschen

7 Die Kirschschicht im Kühlschrank etwa 15 Minuten fest werden lassen.

FÜR DIE SAHNECREME

1 Gelatineblätter für ca. 5 Minuten in kaltes Wasser einweichen.

2 Schlagsahne und gesiebtes Puder-Erythrit in eine Rührschüssel geben und steif schlagen.

3 Die weiche Gelatine mit den Händen aus-pressen und vorsichtig in einem kleinen Topf oder der Mikrowelle für ca. 20 Sekunden schmelzen lassen.

4 Die flüssige Gelatine unter ständigem Rühren zur geschlagenen Sahne geben.

TIPP

Wenn man etwas Sahne in die heiße Gelatine ein-rührt, verhindert man Klümpchen und dass die Gelatine zu heiß ist.

5 Ein Drittel der Sahnecreme auf der Kirsch-füllung verteilen und vorsichtig den mittleren Boden darauflegen.

6 Mit einer weiteren Schicht Sahnecreme fort-fahren. Den obersten Tortenboden aufset-zen und die restliche Sahne darauf verstreichen.

7 Die Torte für 30 Minuten kaltstellen. Anschließend den Tortenring entfernen und die Schwarzwälder Kirschtorte mit geraspelter Schokolade und Kirschen dekorieren.

NÄHRWERTE pro Stück

303	kcal
26 g	Fett
20 g	Kohlenhydrate,
5 g	davon verwertbare Kohlenhydrate
9 g	Protein

Wärmende Kürbissuppe

mit Kokosmilch verfeinert

35 Minuten

FÜR 4 PORTIONEN

½	Knoblauchzehe
300 g	Blumenkohl
800 g	Butternut-Kürbis
20 g	Kokosöl
400 ml	Kokosmilch
250 ml	Wasser
	Saft von ½ Zitrone
½ TL	gemahlenes Kurkuma
je 1	Prise gemahlener Kumin, Chili, Muskatnuss und Ingwer
	Salz und Pfeffer

AUSSERDEM

1 TL	Kürbiskerne
	Kürbiskernöl

NÄHRWERTE pro Portion

345	kcal
25 g	Fett
21 g	Kohlenhydrate,
20 g	davon verwertbare Kohlenhydrate
7 g	Protein

1 Knoblauch abziehen. Blumenkohl in kleine Röschen schneiden.

2 Kürbis längs halbieren, Kerne und Fasern herauslöffeln und Fruchtfleisch samt Schale in ca. 3 cm große Würfel schneiden.

3 Das Kokosöl in einem großen Topf erhitzen und das geschnittene Gemüse darin 3 – 5 Minuten scharf anbraten.

4 Inhalt des Topfes mit Kokosmilch und Wasser ablöschen und alles ca. 15 Minuten weich garen.

5 Mithilfe eines Pürierstabes alles zu einer cremigen Suppe pürieren.

6 Zitrone halbieren, Saft auspressen und die Suppe mit Zitronensaft, Kurkuma, restlichen Gewürzen, Salz und Pfeffer abschmecken.

7 Die wärmende Kürbissuppe mit Kürbiskernen und Kürbiskernöl genießen.

KÜRBIS UND KETO IN EINEM

Die Kürbissuppe wird durch wenige Anpassungen keto-konform. Dafür einfach 400 g Butternut-Kürbis, 700 g Blumenkohl, 450 ml Wasser, 30 g Kokosöl und 40 g Kürbiskernöl verwenden. Die restlichen Zutaten bleiben gleich.

Pro Portion ergibt das 431 kcal – 38 g Fett – 14 g Kohlenhydrate, davon 14 g verwertbare Kohlenhydrate und 8 g Eiweiß.

Vegetarischer Braten

mit Nüssen und Bergkäse

20 Min. + 60 Min. Backzeit

FÜR 10 PORTIONEN

200 g	Nüsse (Walnüsse, Haselnüsse und Mandeln)
100 g	Kerne und Saaten (Kürbis- und Sonnenblumenkerne, Sesam)
2	große Zwiebeln
1	Zucchini
20 g	Butter, davon 10 g zum Einfetten
200 g	Tomaten
½	Bund Dill
150 g	Bergkäse
3	Eier
20 g	Goldleinmehl
gem.	Muskatnuss
	Salz und Pfeffer
1 EL	Olivenöl

NÄHRWERTE pro Portion

333	kcal
28 g	Fett
5 g	Kohlenhydrate,
5 g	davon verwertbare Kohlenhydrate
13 g	Protein

1 Nüsse, Saaten und Kerne in einer großen Pfanne ohne Fettzugabe für 5 Minuten rösten.

2 Anschließend etwas abkühlen lassen und sehr fein hacken.

3 Zwiebeln abziehen und fein würfeln. Zucchini raspeln.

4 Die große Pfanne erneut erhitzen und Butter schmelzen. Nun Zucchiniraspel und Zwiebelwürfel darin ca. 3 Minuten anbraten.

5 Tomaten halbieren, entkernen und das Fruchtfleisch klein schneiden. Dill hacken. Bergkäse grob raspeln.

6 Tomatenstücke, gehackten Dill und Käseraspel in eine große Rührschüssel geben.

7 Nun die restlichen Zutaten (außer Olivenöl) und die Zucchini-Zwiebel-Mischung in die Schüssel geben, verrühren und würzen.

8 Eine eckige ca. 20 cm große Kastenform gut mit der restlichen Butter einfetten, die Käse-Nuss-Masse hineingeben und festdrücken.

9 Die Oberfläche glattstreichen und mit Olivenöl bepinseln.

10 Den Käse-Nuss-Braten bei 180 °C Ober-/Unterhitze (160 °C Umluft) für ca. 1 Stunde backen.

Pumpkin Spice Latte

mit selbstgemachten Kürbispüree

10 Min. + 15 Min. Garzeit

FÜR 2 GLÄSER

¼	Butternut-Kürbis (80 g Kürbismus)
100 ml	Kaffee
450 ml	Mandelmilch
15 g	Erythrit
2 TL	Kürbisgewürz (Zimt, Ingwer, Nelke, Vanille und Kardamom)

FÜR DAS KÜRBISMUS

1 Kürbis längs halbieren, Kerne und Fasern herauslöffeln. Das Fruchtfleisch samt Schale in ca. 2 cm große Würfel schneiden.

2 Die Kürbiswürfel in kochendes Wasser geben und 15 Minuten weich garen.

3 Anschließend das Wasser abschütten und das Kürbisfleisch fein pürieren.

FÜR DEN PUMPKIN-LATTE

1 Kaffee nach Vorliebe zubereiten.

2 Mandelmilch erwärmen, mit Erythrit süßen und die Gewürze darin auflösen.

3 Das vorbereitete Kürbismus in Gläser verteilen, Kaffee darüber gießen und mit heißer Mandelmilch auffüllen.

NÄHRWERTE pro Glas

50	kcal
3 g	Fett
11 g	Kohlenhydrate,
4 g	davon verwertbare Kohlenhydrate
2 g	Protein

Gedeckter Apfelkuchen

mit Zimt und süßer Glasur

25 Min. + 30 Min. Backzeit

FÜR 12 STÜCK

FÜLLUNG

250 g	Äpfel
30 g	Erythrit
¼ TL	Zimt

TEIG

90 g	gemahlene Mandeln
35 g	Mandelmehl
50 g	Butter
40 g	Frischkäse
1	Ei
30 g	Erythrit
¼ TL	Johannisbrotkernmehl

GLASUR

25 g	Puder-Erythrit
3 TL	Zitronensaft

NÄHRWERTE pro Stück

115	kcal
9 g	Fett
11 g	Kohlenhydrate,
4 g	davon verwertbare Kohlenhydrate
4 g	Protein

FÜR DIE FÜLLUNG

1 Äpfel schälen, entkernen und in kleine Stücke schneiden.

2 Die Apfelstücke mit Erythrit und Zimt in einen kleinen Topf geben und ca. 10 Minuten weich dünsten.

FÜR DEN TEIG

1 Alle Zutaten für den Teig in eine Rührschüssel geben und verkneten, bis ein homogener Teig entsteht.

2 Den Teig in 2 Portionen teilen und beide mit einem Nudelholz auf einer be(mandel-)mehlten Arbeitsfläche etwa 0,5 cm dick ausrollen.

3 Einen ausgerollten Teig in eine gefettete 18 cm große Springform legen, sodass der Rand bedeckt ist und der Teig etwas übersteht. Den Boden mehrmals mit der Gabel einstechen.

4 Die Apfelfüllung gleichmäßig auf dem Boden verteilen.

5 Den zweiten ausgerollten Teil als Decke auf den Kuchen legen. Die Ränder festdrücken und die Decke mit einer Gabel einstechen.

6 Den Apfelkuchen bei 175 °C Umluft für 30 Minuten goldbraun backen.

FÜR DIE GLASUR

1 Das Puder-Erythrit sieben, um Klümpchen zu vermeiden und mit dem Zitronensaft zu einer Glasur verrühren.

2 Die Zitronenglasur auf dem abgekühlten Kuchen verteilen.

Kürbistarte

Pumpkin Pie ist der Herbstkuchen schlechthin!

45 Min. + 55 Min. Backzeit

FÜR 12 STÜCK

KÜRBISMUS

| ½ | Butternut-Kürbis |

TEIG

120 g	Mandelmehl
40 g	gemahlene Mandeln
1	Ei
80 g	Erythrit
100 g	Butter
2 TL	Johannisbrot-kernmehl

FÜR DAS KÜRBISMUS

1 Kürbis längs halbieren, Kerne und Fasern herauslöffeln. Das Fruchtfleisch samt Schale in ca. 3 cm große Würfel schneiden.

2 In einem großen Topf Wasser erhitzen und die Kürbisstücke ca. 15 Minuten weich garen.

3 Anschließend Wasser abgießen und das Kürbisfleisch zu Mus pürieren. Das Kürbismus nach Bedarf durch ein Sieb streichen.

4 Das Kürbismus bis zur Weiterverarbeitung abkühlen lassen.

FÜR DEN TARTEBODEN

1 Alle Zutaten in eine Rührschüssel geben und verkneten, bis ein homogener Teig entsteht.

2 Den Teig mit Hilfe eines Nudelholzes auf einer be(mandel-)mehlten Arbeitsfläche etwa 0,5 cm dick ausrollen.

3 Den ausgerollten Teig in eine gefettete ca. 30 cm lange Tarteform legen und einen ca. 1 cm hohen Rand formen.

4 Den Tarteboden bei 175 °C Umluft 10 Minuten vorbacken.

FÜLLUNG

375 g	selbstgemachtes Kürbismus
150 g	Puder-Erythrit
200 g	Schlagsahne
3	Eier
1½ TL	gemahlener Zimt
1 TL	gemahlener Ingwer
1 Prise	gemahlene Nelke
1 Prise	gemahlene Vanille
1 Prise	gemahlener Kardamom

AUSSERDEM

50 g	Schmand

FÜR DIE KÜRBISFÜLLUNG

1 In einer Rührschüssel das selbstgemachte Kürbismus, Puder-Erythrit, Schlagsahne und Eier miteinander verquirlen.

2 Die Kürbisfüllung mit den gemahlenen Gewürzen Zimt, Ingwer, Nelke, Vanille und Kardamom würzen.

3 Die Füllung auf dem vorgebackenen Boden verteilen und weitere 45 Minuten backen.

4 Die Kürbistarte abkühlen lassen und mit einem Klecks Schmand genießen.

NÄHRWERTE pro Stück

221	kcal
18 g	Fett
24 g	Kohlenhydrate,
4 g	davon verwertbare Kohlenhydrate
8 g	Protein

Deftiger Krustenbraten

mit einer cremigen Soße

20 Min. + 140 Min. Backzeit

FÜR 6 PORTIONEN

1,5 kg	Schweinebraten
15 g	Butter
½	Bund Suppengrün (Knollensellerie, Karotte und Petersilie)
½	Zwiebel
400 ml	Gemüsefond
	Salz und Pfeffer
3	Lorbeerblätter
je ½ TL	Majoran und Oregano
1 TL	gemahlener scharfer Paprika, Knoblauch
½ TL	Kümmel
30 g	Olivenöl

AUSSERDEM

200 g	Schlagsahne

NÄHRWERTE pro Portion

590	kcal
40 g	Fett
6 g	Kohlenhydrate,
6 g	davon verwertbare Kohlenhydrate
44 g	Protein

1 Die Schwarte des Schweinebratens rautenförmig einschneiden.

2 In einer großen Pfanne Butter erhitzen und das Fleisch erst mit der Schwarte nach unten, dann von allen Seiten scharf anbraten.

3 Knollensellerie und Karotte schälen und in 1 cm große Würfel schneiden. Zwiebel abziehen und klein schneiden.

4 Gemüse in einer Auflaufform verteilen. Mit Gemüsefond auffüllen und mit Salz, Pfeffer, Lorbeerblättern, Majoran, Oregano, gemahlenem Paprika, Knoblauch und Kümmel würzen.

5 Fleisch mittig in eine Auflaufform (mit Deckel) setzen und mit Olivenöl beträufeln.

6 Den Schweinebraten bei 180 °C Ober-/ Unterhitze für 2 Stunden abgedeckt garen. Anschließend weitere 15 – 20 Minuten ohne Deckel bei 225 °C knusprig backen.

7 Nach der Garzeit den Krustenbraten aus der Form nehmen, die entstandene Soße pürieren und mit Schlagsahne verfeinern.

8 Den Krustenbraten in Scheiben schneiden, mit Soße und Petersilie servieren.

TIPP

Zu diesem Braten passt als Beilage falscher Kartoffelsalat (Seite 170) oder Kartoffel-brei (Seite 108) ganz hervorragend.

Schokoladige Salami

mit Pistazien, Haselnüssen und Mandeln

15 Min. + 90 Min. Kühlzeit

FÜR EINE WURST

350 g	zuckerfreie Edelbitter-Schokolade
100 g	Butter
50 g	Pistazien
50 g	Haselnüsse
100 g	Mandeln

ZUM BESTÄUBEN

10 g	Puder-Erythrit

1 Die Edelbitter-Schokolade grob hacken und mit der Butter in einem kleinen Topf bei geringer Hitze schmelzen.

2 Pistazien, Haselnüsse sowie Mandeln unter die Schokolade heben.

3 Die Schokoladen-Nuss-Masse im Kühlschrank etwa 30 Minuten abkühlen lassen.

4 Anschließend die Masse auf einem großen Stück Frischhaltefolie verteilen und mithilfe dieser zu einer etwa 5 cm dicken Wurst formen. Die Enden der Folie zudrehen.

5 Die Schoko-Salami für ca. 60 Minuten im Kühlschrank aushärten lassen.

6 Zum Schluss die Folie entfernen und die Wurst mit Puder-Erythrit bestäuben.

NÄHRWERTE pro 100 g

522	kcal
49 g	Fett
22 g	Kohlenhydrate,
5 g	davon verwertbare Kohlenhydrate
10 g	Protein

Würziger Mandelstollen
mit selbstgemachtem Orangeat und Zitronat

50 Min. + 45 Min. Backzeit

FÜR EINEN STOLLEN

ZITRONAT UND ORANGEAT

je 1	Orange und Zitrone
½ TL	Salz
30 g	Erythrit

TEIG

250 g	Mandelmehl
80 g	Erythrit
80 g	gestiftelte Mandeln
1 TL	Guarkernmehl
7 g	Backpulver
1	Vanilleschote
250 g	Magerquark
80 g	weiche Butter
2	Eier

ZUM BESTÄUBEN

10 g	Puder-Erythrit

NÄHRWERTE pro 100 g

232	kcal
15 g	Fett
16 g	Kohlenhydrate,
3 g	davon verwertbare Kohlenhydrate
18 g	Protein

FÜR ORANGEAT UND ZITRONAT

1 Orange und Zitrone mit einem Messer schälen und die Schalen in kleine Würfel schneiden.

2 Wasser in einem kleinen Topf mit Salz erhitzen und die Schalen darin 10 Minuten köcheln lassen.

3 Anschießend Wasser abgießen, Erythrit und 50 ml Wasser zugeben und erneut aufkochen lassen.

4 Die Schalen bei geringer Hitze unter gelegentlichem Rühren etwa 25 Minuten köcheln lassen, bis die Flüssigkeit reduziert ist. Anschließend das Orangeat und Zitronat abkühlen lassen.

FÜR DEN STOLLEN

1 Die trockenen Zutaten für den Stollen in einer Schüssel mischen.

2 Die Vanilleschote halbieren und das Mark auskratzen. Mit dem Magerquark, der weichen Butter und den Eiern in eine zweite Rührschüssel geben. Alles miteinander verrühren.

3 Nun die trockenen Zutaten und das abgekühlte Zitronat und Orangeat zur Quarkmasse geben und zu einem homogenen Teig verkneten.

4 Den Stollenteig zu einem länglichen, etwa 20 cm langen Laib formen und auf ein mit Backpapier belegtes Backblech geben.

5 Den Stollen für 45 – 55 Minuten bei 160 °C Umluft backen, anschließend abkühlen lassen und mit Puder-Erythrit bestäuben.

Marzipankartoffeln
in Kakao gewälzt

15 Min. + 15 Min. Ruhezeit

FÜR 25 STÜCK

40 g	Kokosöl
60 g	Puder-Erythrit
50 g	Mandelmehl
90 g	gemahlene Mandeln
15 g	Rosenwasser
20 g	Wasser
5	Tropfen Bittermandelaroma

ZUM WÄLZEN

1 TL	Backkakao

1 Kokosöl vorsichtig in einem kleinen Topf oder in einer kleinen Schüssel in der Mikrowelle schmelzen lassen.

2 Puder-Erythrit sieben und mit allen restlichen Zutaten zum geschmolzenen Kokosöl geben und zu einer gleichmäßigen Masse verkneten.

3 Aus der Masse kleine Marzipankartoffeln formen und im Kühlschrank ca. 15 Minuten fest werden lassen.

TIPP

Sollte die Marzipanmasse zu weich sein, diese schon vor dem Formen im Kühlschrank etwas fest werden lassen.

4 Zum Schluss Marzipankartoffeln in Backkakao wälzen oder bestäuben.

TIPP

Marzipan im Kühlschrank aufbewahren und innerhalb von 5 Tagen verbrauchen.

NÄHRWERTE pro Stück

44	kcal
4 g	Fett
3 g	Kohlenhydrate,
0,4 g	davon verwertbare Kohlenhydrate
2 g	Protein

Vanillekipferl

in Puder-Erythrit gewälzt

30 Min. + 12 Min. Backzeit

FÜR CA. 40 STÜCK

TEIG

½	Vanilleschote
125 g	Erythrit
2	Eier
60 g	weiche Butter
60 g	Mandelmehl
200 g	gemahlene Mandeln
1 Prise	Salz

ZUM WÄLZEN

| 2 EL | Puder-Erythrit |

1 Die Vanilleschote halbieren und das Mark auskratzen. Mit den restlichen Zutaten für den Teig in eine große Schüssel geben.

2 Alles zu einem glatten Teig verkneten.

3 Aus dem Teig kleine Kugeln formen und diese zwischen den Handflächen zu Kipferln rollen.

4 Die Kipferl auf ein mit Backpapier belegtes Blech legen und für 10 – 12 Minuten bei 175 °C Umluft backen, bis die Ränder leicht gebräunt sind.

5 Gebackene Vanillekipferl auf dem Backblech für 10 Minuten abkühlen lassen und anschließend mit Puder-Erythrit bestäuben oder darin wälzen.

NÄHRWERTE pro Stück

52	kcal
5 g	Fett
4 g	Kohlenhydrate,
0,6 g	davon verwertbare Kohlenhydrate
2 g	Protein

Crème Brûlée

Süße Vanillecreme mit einer knusprigen Kruste

20 Min. + 45 Min. Backzeit

FÜR 2 – 3 PORTIONEN

CREME

½	Vanilleschote
3	Eigelb
250 g	Schlagsahne
10 g	Erythrit

ZUM BESTREUEN

20 g	Erythrit

1 Die Vanilleschote halbieren, das Mark auskratzen und in eine Rührschüssel geben.

2 Die Eier trennen und die Eigelbe in der Schüssel mit der Vanille verquirlen.

3 Schlagsahne und Erythrit in einen kleinen Topf geben und erhitzen.

4 Nach und nach die Eigelbmischung mit einem Schneebesen unter die Sahne rühren.

5 6 kleine, ofenfeste Keramikschüsselchen in eine Auflaufform stellen und so viel kochendes Wasser in die Form gießen, dass die Schüsselchen 2 – 3 cm im Wasser stehen.

6 Die Creme etwa 1 – 2 cm hoch in den Schüsselchen verteilen.

7 Die Crème Brûlée für ca. 45 Minuten bei 165 °C Ober-/Unterhitze auf der mittleren Schiene im Backofen backen.

8 Erythrit über die Creme streuen und für weitere 5 – 10 Minuten unter dem Grill im Backofen karmellisieren.

TIPP

Die Backzeit variiert stark je nach Höhe der Creme in den Förmchen. Daher empfiehlt es sich, die Flüssigkeit gleichmäßig auf die Förmchen zu verteilen.

NÄHRWERTE pro Portion

350	kcal
35 g	Fett
13 g	Kohlenhydrate,
3 g	davon verwertbare Kohlenhydrate
6 g	Protein

Weiche Lebkuchen

mit Schokoladenglasur

30 Min. + 25 Min. Backzeit

FÜR 6 STÜCK

TEIG

150 g	Erythrit
170 g	gemahlene Mandeln
70 g	gehobelte Mandeln
3	Eier
60 g	weiche Butter
1 TL	Lebkuchengewürz (Nelke, Sternanis, Ingwer, Muskatnuss, Kardamom)
1 TL	Flohsamenschalen
	Abrieb von ½ Orange

AUSSERDEM

100 g	zuckerfreie Edelbitter-Schokolade
1 TL	gestiftelte Mandeln

NÄHRWERTE pro Stück

438	kcal
39 g	Fett
34 g	Kohlenhydrate,
4 g	davon verwertbare Kohlenhydrate
13 g	Protein

FÜR DIE LEBKUCHEN

1 Alle Zutaten für den Teig in eine Rührschüssel geben und zu einem glatten Teig verkneten.

2 Mit angefeuchteten Händen aus dem Lebkuchenteig etwa 90 g schwere Kugeln formen und diese auf einem mit Backpapier belegtem Blech verteilen.

3 Die Teigkugeln etwa 1,5 cm flach drücken.

4 Lebkuchen für ca. 25 Minuten bei 175 °C Umluft goldbraun backen.

ALS DEKORATION

1 Die gebackenen Lebkuchen komplett auskühlen lassen.

2 Schokolade grob hacken und über einem Wasserbad oder in der Mikrowelle schmelzen.

3 Die Lebkuchen mit geschmolzener Schokolade bestreichen und mit gestiftelten Mandeln bestreuen.

Gebrannte Mandeln

im Backofen geröstet

10 Min. + 20 Min. Backzeit

FÜR 1 GROSSE TÜTE

65 g	Erythrit
125 g	Mandeln
1 TL	Lebkuchengewürz
	(Orangenabrieb, Nelke, Sternanis, Ingwer, Muskatnuss, Kardamom)
1 TL	Zimt
1 EL	Wasser

1 Erythrit, ganze Mandeln, Lebkuchengewürz, Zimt und Wasser in eine kleine Schüssel geben und verrühren.

2 Das Mandel-Erythrit-Gemisch auf einem mit Backpapier belegtes Blech verteilen und für 12 – 15 Minuten bei 175 °C Umluft im Bckofen rösten.

3 Anschließend die Mandeln einmal wenden und weitere 5 Minuten rösten.

4 Die Mandeln auf dem Backblech vorsichtig abkühlen lassen. Dabei gelegentlich wenden.

5 Solange mit dem Wenden fortfahren, bis das Erythrit hart geworden ist und die Mandeln nicht mehr zusammenkleben.

6 Die gebrannten Mandeln vollständig abkühlen lassen und einen verschließbaren Behälter füllen.

NÄHRWERTE pro 100 g

411	kcal
36 g	Fett
39 g	Kohlenhydrate,
5 g	davon verwertbare Kohlenhydrate
14 g	Protein

Ausstechplätzchen

verziert mit Schokolade, Guss und Nüssen

45 Min. + 10 Min. Backzeit

FÜR CA. 40 STÜCK

TEIG

100 g	Butter
100 g	Puder-Erythrit
150 g	Mandelmehl
50 g	gemahlene Mandeln
2	Eier
½ TL	Backpulver
1 TL	Flohsamenschalen

ZITRONENGUSS

6 EL	Zitronensaft
80 g	Puder-Erythrit

VERZIERUNG

50 g	zuckerfeie Schokolade
1 EL	Nüsse

NÄHRWERTE pro Stück (pur)

43	kcal
4 g	Fett
3 g	Kohlenhydrate,
0,3 g	davon verwertbare Kohlenhydrate
2 g	Protein

FÜR DEN TEIG

1 Butter schmelzen und zusammen mit den restlichen Zutaten für den Teig in eine Rührschüssel geben.

2 Aus den Zutaten einen glatten Teig kneten und auf einer be(mandel-)mehlten Arbeitsfläche etwa 0,5 – 1 cm dick ausrollen.

3 Mit Ausstechformen nach Gefallen Plätzchen ausstechen und auf ein mit Backpapier belegtes Blech legen.

4 Plätzchen für 8 – 10 Minuten bei 175 °C Umluft backen.

5 Plätzchen auf dem Backblech komplett auskühlen lassen.

FÜR DIE VERZIERUNG

1 Für den Zitronenguss Zitronensaft und Puder-Erythrit miteinander verrühren.

2 Die zuckerfreie Schokolade über einem Wasserbad oder in der Mikrowelle schmelzen.

3 Die abgekühlten Plätzchen mit Zitronenguss, geschmolzener Schokolade und Nüssen verzieren.

Zimtige Sterne
mit Mandeln und Glasur

30 Min. + 12 Min. Backzeit

FÜR 20 STÜCK

3	Eiweiß
130 g	Puder-Erythrit
250 g	gemahlene Mandeln
30 g	Mandelmehl
1 TL	Zimt

1 Eier trennen und die Eiweiße in einer Rührschüssel zusammen mit dem Puder-Erythrit steif schlagen.

TIPP

Puder-Erythrit neigt dazu, Klümpchen zu bilden. Daher ist es wichtig, es vor der Verwendung durch ein Sieb zu streichen.

2 Für die Glasur 2 EL der Masse abnehmen.

3 Die restlichen Zutaten zu einem Teig verkneten.

4 Den Teig mit Hilfe eines Nudelholzes auf einer be(mandel-)mehlten Arbeitsfläche etwa 0,5 cm dick ausrollen.

5 Aus dem Teig sternförmige Plätzchen ausstechen, auf ein mit Backpapier belegtes Blech verteilen, mit der restlichen Glasur bestreichen und bei 150 °C Umluft für 12 – 15 Minuten backen.

NÄHRWERTE pro Stück

86	kcal
7 g	Fett
8 g	Kohlenhydrate,
1,3 g	davon verwertbare Kohlenhydrate
4 g	Protein

Saftige Kokosmakronen

mit einem Hauch Vanille verfeinert

20 Min. + 10 Min. Backzeit

FÜR CA. 18 STÜCK

2	Eiweiß
60 g	Puder-Erythrit
1 Prise	gemahlene Vanille
120 g	Kokosraspeln

1 Eier trennen und die Eiweiße in einer Rührschüssel steif schlagen.

2 Das Puder-Erythrit sieben und zusammen mit der gemahlenen Vanille in die Rührschüssel geben. Die Eiweißmasse nochmals aufschlagen.

3 Nun vorsichtig die Kokosraspeln unterheben.

4 Aus der Masse mithilfe eines Esslöffels etwa walnussgroße Kugeln formen und auf einem mit Backpapier belegten Blech verteilen.

5 Die Kokosmakronen bei 175 °C Umluft für 8 – 10 Minuten backen, bis die Ränder leicht gebräunt sind.

TIPP

Die Kokosmakronen sind sehr saftig und haben noch einiges an Restfeuchte. Daher sind sie nicht so lange haltbar und sollten innerhalb von 5 Tagen verbraucht werden.

NÄHRWERTE pro Stück

44	kcal
4 g	Fett
4 g	Kohlenhydrate,
0,6 g	davon verwertbare Kohlenhydrate
1 g	Protein

Liebe und Dank der Autorinnen

Aufmerksame Nutzer der sozialen Medien haben mich bestimmt aus der ein oder anderen Story unseres Instagram Accounts simply_keto erkannt.

Helen Haase

Seit Anfang 2020 bin ich mit meinem Team für den kulinarischen Inhalt – samt Foodfotografie, Styling, Rezeptentwicklung und den Texten – verantwortlich.

Ursprünglich habe ich Verfahrenstechnik studiert und bin als Diplom-Ingenieurin für Lebensmitteltechnik mit der Verarbeitung von Lebensmitteln und deren ernährungsphysiologischen Grundlagen vertraut.

Wie viele unserer Follower bin ich wegen gesundheitlicher Problem zu einer kohlenhydratarmen Ernährungsweise gekommen.

2011 wurde bei mir Hashimoto Thyreoiditis diagnostiert, was sich durch eine starke Gewichtszunahme, Herzstolpern und Depressionen bemerkbar machte.

Mit einer Low-Carb-Ernährung in Kombination mit intermittierendem Fasten konnte ich mein Körpergewicht wieder normalisieren, meine psychischen Beschwerden lindern und gleichzeitig meine Schilddrüse nicht weiter belasten, da ich automatisch entzündungsfördernde Lebensmittel von meiner Einkaufsliste gestrichen habe.

Ich danke vor allem Alex, die mir die Möglichkeit und ihr Vertrauen gegeben hat, gemeinsam in dieses große Abenteuer namens Kochbuch einzutauchen.

Sie gab mir die Freiheit und Unterstützung für die Planung sowie für die komplette Gestaltung des Layouts und der Fotografie.

Nicht zu vergessen, meine liebste Arbeitskollegin Leah, die mein Arbeitspensum mit gestemmt und mit kritischem Auge und Rückfragen, das beste Ergebnis aus mir herausgeholt hat.

Ein weiterer Dank gilt meiner Mutti Romy, die mir ihr Geschirr, Silberbesteck und Erbstücke zum Dekorieren zur Verfügung gestellt hat.

Liebe an Peer.

Vielen Dank an das wunderschöne und rustikale Schloss Wartin in Casekow, das uns zum Kochen und Experimentieren beherbergt hat und als Kulisse für einige der Fotos gedient hat. Weitere Infos unter www.wartin.com.

► DIE AUTORINNEN ALEX (LINKS) UND HELEN

Ich bin Alex, die Gründerin von Simply Keto. Da ich mich bereits ausführlich vorgestellt habe, halte ich mich kurz und sage vor allem Danke.

Danke an meine Eltern, die meine wagemutige Blauäugigkeit auch in harten Zeiten mit vollem Einsatz unterstützt haben und ohne die Simply Keto nicht möglich gewesen wäre.

Danke an Robert, meinem Verbündeten in allen Lebenslagen, der kurz nach der Gründung eingestiegen ist und mir seither unermüdlich zur Seite steht, meine Schwächen ausgleicht, mich fordert und fördert, mein Fels in der Brandung ist und mich erdet, wenn ich es brauche. Ohne ihn wäre Simply Keto nicht das, was es jetzt ist und ich auch nicht.

Danke an unser wunderbares Team, das uns dabei unterstützt, unsere Mission zu

Alexandra Pocol

erfüllen, und auch in schweren Zeiten den Kopf nicht in den Sand steckt, sondern die Ärmel hochkrempelt und immer nach der bestmöglichen Lösung sucht!

Auch ohne diese großartigen Menschen wäre Simply Keto nur ein Schatten seiner selbst.

Zu guter Letzt, Danke an Helen. Schon so lange träume ich von diesem Kochbuch, und ohne Helens Einsatz gäbe es dieses Buch immer noch nicht.

Als ich 2015 alleine und völlig naiv gründete, war mir nicht bewusst, dass man alleine nichts Beachtliches schafft. Nun, Jahre später, bin ich schlauer und voller Dankbarkeit!

Was wiegt wie viel?

Die nachfolgende Tabelle soll eine kleine Hilfestellung sein, um die Grammaturen der verwendeten Zutaten in den Rezepten besser abschätzen zu können.

Die Nährwertberechnungen basieren auf diesen Angaben und schwanken gerade bei Obst und Gemüse stark, je nach Größe der Zutat.

ZUTAT	GEWICHT
GEMÜSE	
Aubergine	200 g
Avocado	125 g
Butternut-Kürbis	1500 g
Chili	5 g
Eisbergsalat	800 g
kleine Fenchelknolle	150 g
Frühlingszwiebel	20 g
Gewürzgurke	30 g
Gurke	400 g
Ingwer (daumendick)	10 g
Karotte	75 g
Knoblauchzehe	3 g
Kirschtomate	13 g
Lollo Rosso	300 g
Pak Choi	200 g
Paprika	160 g
Porree	200 g
Portobello-Pilz	75 g

Rote Beete	75 g
Staudensellerie	40 g
Tomate	100 g
Weißkohl	1000 g
Zucchini	250 g
Zwiebel	75 g
OBST	
Granatapfel	175 g
Himbeere	4 g
Maracuja	25 g
Nektarine	100 g
Papaya	150 g
SONSTIGES	
1 EL Butter	15 g
1 EL Olivenöl	10 g
1 EL Kokosöl	10 g
1 TL Senf	10 g
Ei	55 g
Eigelb	25 g
Eiweiß	30 g

Wir können auch online!

Neben zahlreichen Produkten im Online-Shop bieten wir auch weitere Informationen rund um die ketogene Ernährung sowie eine Rezeptesammlung aus ca. 400 Rezepten an.

Wir setzen auf hochwertige Produkte, die für eine gesunde, leckere und vor allem kohlenhydratarme Ernährung geeignet sind.

Durch unser breites Sortiment ermöglichen wir einen gesunden Lifestyle ganz ohne Verzicht. Vom Müsli am Morgen, bis hin zur Pizza am Abend – bei uns gibt es eine gesunde und zugleich köstliche Alternative.

Simply Keto steht nicht nur für leckere kohlenhydratarme Rezepte, wir sind im deutschsprachigen Raum auch Marktführer im Onlinehandel für Low-Carb- und Keto-Produkte mit unserem eigenen Online-Shop **www.simplyketo.de.**

2015 in Berlin von Alexandra Pocol und Robert Zeck gegründet, wächst unser Unternehmen stetig und beschäftigt ein Team von rund 40 Mitarbeitern.

Wir haben es uns zur Aufgabe gemacht, Low Carb und speziell Keto einfach und lecker zu machen.

Dabei gehen wir keine Kompromisse ein und bieten Produkte an, die zu 100 %

► Low Carb

► ohne Zuckerzusatz

► glutenfrei

► getreidefrei

► sojafrei

► und ohne Maltit sind.

100 % Genuss – 0 % Verzicht!

Impressum

1. Auflage 2021

Rezeptideen: Alexandra Pocol, Leah Luettke und Helen Haase

Autorinnen: Alexandra Pocol und Helen Haase

Bildbearbeitung: Peer Friebel, Helen Haase und Tahar Medjahed

Bildnachweis:
Fotografie und Styling: Helen Haase

Mit Ausnahme von Seite 11 – 17: private Aufnahmen: Alexandra Pocol und Familie

Mit Ausnahme von Seite 44/45, 71 und 281: Leah Luettke

Layout, Satz und Umschlaggestaltung: Helen Haase

Lektorat: gebrauchstext – Rainer Remmel

Druck und Bindung: Optimal media GmbH, Röbel/Müritz

Printed in Germany

ISBN: 978-3-9821789-5-0

www.simplyketo.de